Beatrix Krausenecker

ABI last minute

Katholische Religion

Wissen schnell auffrischen
für Oberstufe und Abitur

Klett Lerntraining

Beatrix Krausenecker ist Gymnasiallehrerin und unterrichtet die Fächer Deutsch sowie katholische Religion in Bayern. Außerdem leitet sie einen Telekolleg-Standort. Sie war viele Jahre als Fachberaterin und in der Lehrplankommission für das Fach katholische Religion tätig.

Bibliografische Information der Deutschen Nationalbibliothek
Die Deutsche Nationalbibliothek verzeichnet diese Publikation in der Deutschen Nationalbibliografie; detaillierte bibliografische Daten sind im Internet über http://dnb.dnb.de abrufbar.

1. Auflage 2023

www.klett-lerntraining.de

Umschlagfoto: Shutterstock, New York (Archreactor)
Satz: tebitron gmbh, Gerlingen
Druck: Plump Druck & Medien GmbH, Rheinbreitbach
Printed in Germany

ISBN 978-3-12-949747-0

8 Jesus Christus

9 Die Kirche

11 Die Frage nach der Zukunft der Menschen

Liebe Schülerin, lieber Schüler,

sicherlich kennen Sie diese Situation: Es ist kurz vor der Klausur und die Zeit wird knapp. Sie schreiben sogar mehrere Klausuren innerhalb weniger Tage und können unmöglich Ihre kompletten Mitschriften oder das Schulbuch durcharbeiten. Vielleicht stellen Sie auch fest, dass Ihre Mitschriften Lücken haben, und das ist so ziemlich das Letzte, was Sie *last minute* gebrauchen können!

Keine Sorge, mit *Abi last minute – Katholische Religion* sind Sie auf der sicheren Seite:

- In **150 Begriffen** wiederholen Sie den prüfungsrelevanten Stoff in minimaler Zeit. 150 Lernbegriffe = 150 Wissenspakete für Ihren Weg zum Abitur.
- Die Begriffe sind thematisch zusammengefasst, sodass Sie ganz gezielt das Thema in Angriff nehmen können, das in der Klausur abgefragt wird.
- Vor dem Abitur können Sie natürlich das ganze Buch durcharbeiten und so optimal vorbereitet in die Prüfung gehen.

Abi last minute - kurz und knapp für kurz vor knapp!

Eine erfolgreiche Oberstufenzeit
und alles Gute für die Abiturprüfung
wünscht Ihnen

Ihre Redaktion Klett Lerntraining

Was ist Religion?

- Der Begriff „Religion" ist lateinischen Ursprungs. „Religio" = Skrupel, Bedenken, Andacht, Gottesfurcht, Frömmigkeit, Gottesdienst, Heiligtum. Die Bedeutung ist also vielschichtig:
  - Herleitung nach Cicero (* 106 v. Chr.; † 43 v. Chr.): „relegere" = wieder lesen, meint die genaue Beachtung kultischer Vorschriften.
  - Herleitung nach Laktanz (* um 250; † um 320): „religare" = rückbinden, festmachen, d.h. Religion dient als Grund und Anker menschlicher Existenz.
  - auch: „reeligere" = wieder auswählen, d.h. stetiges Bekenntnis zu einer bestimmten Haltung
  - Paul Tillich (* 1886; † 1965): Religion ist im weitesten und tiefsten Sinne des Wortes das, was uns unbedingt angeht.
- Gegenstand der Religion ist meist ein göttliches Wesen, das verehrt bzw. gefürchtet wird. Religion ist die Gestalt gewordene Form menschlicher Religiosität. Der Glaube ist das, was im Zusammenspiel von persönlicher Religiosität und gesellschaftlich praktizierter Religion entsteht.
- Seit dem Zeitalter der Aufklärung wird der Begriff „Religion" weiter gefasst und nicht mehr nur auf den christlichen Glauben bezogen.
- **Definitionen** von Religion:
  - **Substanzielle Definition** = Frage nach der „Substanz", dem Kern der Religion: Eine göttliche Gestalt greift in die Welt ein und beeinflusst das Handeln der Menschen.
  - **Funktionale Definition** = Frage nach der Funktion von Religion: Sie soll den Menschen in eine Gemeinschaft integrieren, dem Leben Sinn und Orientierung geben, bei der Bewältigung von Grenzerfahrungen helfen und zur Entwicklung der Persönlichkeit beitragen (→ S. 77).
  - **Phänomenologische Definition** = Frage nach den Merkmalen einer Religion wie überlieferte Texte, Gebetsformeln, liturgische Formen oder ethische Bestimmungen.

Funktionen von Religionen und deren Einteilung

- Der **funktionale Religionsbegriff** lässt sich weiter untergliedern:
  - **Psychische Funktion**: Religion hilft, Krisen, Schuldgefühle und Ängste, z. B. vor Krankheit, Tod und der Zukunft (→ S. 58, 170), zu bewältigen, sie fördert die seelische Gesundheit. Mit Gottesdiensten und Gebeten bieten die Kirchen Bewältigungsstrategien.
  - **Weltanschauliche Funktion**: Die Kirche hilft bei der Deutung von Leid und Tod sowie bei der Beantwortung von Sinnfragen (→ S. 58, 80). Mythen, Lehren, die heiligen Texte bilden die Grundlage für die weltanschauliche Orientierung.
  - **Ethische Funktion**: Maßstäbe und Normen helfen, Güter und Verhaltensweisen zu bewerten und Lebensziele zu finden. Rituale und Kult, ethische Anweisungen und moralische Tradition geben Orientierung.
  - **Gesellschaftliche Funktion**: Religion prägt Kultur und Ausdrucksformen einer Gesellschaft (Werte, Staatsformen, Bräuche). Auch gesellschaftliche Veränderungen beeinflussen religiöse Strukturen. Religiöse Gemeinden/Gruppen befriedigen das Bedürfnis nach Gemeinschaft, Geborgenheit und Stabilität.
  - **Emanzipationsfunktion**: Religion kann eine kritische und distanzierte Position ermöglichen, die bei der Entwicklung von Visionen und alternativen Gesellschaftsmodellen hilft. Das Vorbild der Propheten und Modelle vom Reich Gottes (→ S. 104) können Anregungen geben.
- **Weitere Unterscheidungsmöglichkeiten**:
  - **Naturreligionen** sind meist von Animismus (Ahnenkult) geprägt und dem Glauben an Kräften, die in der Natur wirken.
  - **Offenbarungsreligionen** wie das Judentum, das Christentum und der Islam leiten ihre Autorität von einer Schrift ab, in der ein Gott seine Wahrheit enthüllt.
  - **Weisheitsreligionen** wie der Buddhismus, Konfuzianismus, Taoismus geben Anleitungen, wie der Mensch aus sich selbst, ohne göttliches Wesen, Heil erfahren kann.

Religiöse Phänomene im Alltag

- In vielen Lebensbereichen werden religiöse Ausdrucksformen aufgegriffen. So werden Symbole und Formulierungen übernommen, um auf existenzielle Erfahrungen des Menschen anzuspielen und Sehnsüchte zu wecken. Oft wird dabei kein Bezug zu einer höheren Wirklichkeit angestrebt. Macht man sich diese Umdeutungen und Instrumentalisierungen bewusst, kann man sich die Sehnsüchte und menschlichen Grundanliegen erschließen, die solchen Phänomenen zugrunde liegen.
  - Werbung: Sie versucht, den Käufer zu manipulieren, um den Verkauf zu steigern. Dazu greift sie religiöse Motive auf wie Gemeinschaft, Glück, Hoffnung, Freiheit, aber auch Sünde und Versuchung, wenn für ungesunde Produkte wie Süßigkeiten geworben wird. Der Kommerz steht im Vordergrund dieser Umdeutungen.
  - Die Sport- und Fankultur greift zunehmend zurück auf rituelle Abläufe: Pokale haben Symbolwert, man singt Hymnen als Zeichen der Zugehörigkeit zu einer Gemeinschaft. Der Gedanke der sportlichen Fairness zeigt den Wert von Regeln auf, Vereinswappen drücken Zugehörigkeit aus. Die Verehrung bezieht sich hierbei z. B. auf einen Verein, nicht auf ein göttliches Wesen.
  - Literatur: Hape Kerkelings (* 1964) Reisebericht „Ich bin dann mal weg" beschreibt eine Pilgerreise auf dem Jakobsweg und spiegelt die Suche nach einer individuellen religiösen Erfahrung wider.
  - In der Musik finden sich häufig existenzielle und religiös gedeutete Grunderfahrungen, z. B. in den Liedtexten von z. B. Lady Gaga (* 1986): „Judas", Falco (* 1957; † 1998): „Out of the dark" usw.
  - Selbstoptimierungsstrategien lösen religiöse Rituale ab, Beispiel: Fitnessarmbänder zeichnen jeden Tag auf, wie man geschlafen hat, wie viele Schritte gegangen und wie viele Kalorien verbraucht wurden, wie hoch der Körperfettanteil ist, wie oft man das Essen kaut, was man isst und ob man gestresst ist usw. Im Vordergrund steht das körperliche und seelische Heil, ohne transzendenten Bezug.

Religionen und religiöse Strömungen im Überblick

- In Deutschland gehören im Jahr 2021 ca. 26 % der Bevölkerung der katholischen Kirche an, 23 % den evangelischen Landeskirchen und rund 42 % sind konfessionslos. Während der Anteil der Gläubigen in den westlichen Bundesländern doppelt so hoch ist wie der Anteil der Nicht-Gläubigen (d. h. derjenigen, die „wenig" oder „gar nicht" glauben), stellen im Osten mit knapp 70 % die Nicht-Gläubigen die Mehrheit.
- Orthodoxe Kirchen sind die drittgrößte christliche Gruppierung in Deutschland und sie stehen mit ihren Glaubensüberzeugungen und Riten der katholischen Kirche nahe.
- Außerdem existieren noch christliche Freikirchen (Baptisten, Pfingstkirchen), Sonderkirchen und Sekten, die oftmals durch Werbung in der Öffentlichkeit auffallen.
- Der Islam ist wie das Christentum und das Judentum eine Offenbarungsreligion (→ S. 11). Er ist geprägt vom Glauben an einen sich übernatürlich mitteilenden Schöpfergott (→ S. 41). Etwa 6 % der Bevölkerung Deutschlands sind Muslime.
- Jüdische Gemeinden haben vergleichsweise geringe Mitgliederzahlen. Das Judentum ist der Ursprung des monotheistischen Offenbarungsglaubens (→ S. 11, 43 ff., 46) und gehört deshalb zu den Weltreligionen.
- Buddhismus: Im Vordergrund stehen die Lebensregeln, Meditation und das Freiwerden von Wünschen, nicht die individuelle Vollendung im Jenseits (→ S. 37, 172). Immigranten aus Asien sind häufig Buddhisten, aber auch Menschen aus dem westlichen Kulturraum fühlen sich vom Buddhismus angesprochen.
- Unsere Zeit ist geprägt von Individualisierung, Säkularisierung und Pluralisierung der religiösen Bekenntnisse (→ S. 16). Kein weltanschauliches System besitzt mehr ein Monopol auf die Deutung der Welt. Auch vermischen sich die verschiedenen religiösen Vorstellungen und Riten (Synkretismus).

Religiöse Sprache

- Was **Ludwig Wittgenstein** (* 1889; † 1951) auf die Grenzen philosophischer Erkenntnis bezieht, kann auch auf das Sprechen von Gott bezogen werden: „Worüber man nicht sprechen kann, darüber muss man schweigen."
- Die „**Negative Theologie**" verzichtet darauf, Gott zu beschreiben, und gibt stattdessen an, was Gott nicht ist: Er ist nicht begreiflich, nicht endlich, d.h. er ist unendlich.
- Der sogenannte **Weg der Steigerung** als Sprechweise über Gott wählt Aussagen in Form von Superlativen: Gott ist allmächtig.
- **Analoges Sprechen** über Gott findet sich etwa in Joh 10,11: Jesus kann nicht einfach mit einem guten Hirten gleichgesetzt werden, aber bestimmte Bereiche menschlicher Erfahrungen aus dem Alltag lassen sich auf die Erfahrung mit Gott übertragen: Schutz, Geborgenheit. Es muss aber betont werden, dass die Unähnlichkeit zwischen Darstellung und Dargestelltem größer ist als die Ähnlichkeit.
  - **Gleichnisse:** Ein Vergleich wird durch eine Erzählung ausgestaltet. Zum Verständnis müssen die historischen, politischen und kulturellen Faktoren beachtet werden. Ein Sachverhalt wird umgesetzt in ein konkretes Bild. Die Ebenen beziehen sich aufeinander und berühren sich im Vergleichspunkt: Gleichnis vom verlorenen Sohn (Lk 15,11–32) → S. 105.
  - **Sakramente** sind äußere Zeichenhandlungen (wirksame Zeichen), z.B. das Übergießen mit Wasser, die an der unsichtbaren Wirklichkeit Gottes teilhaben lassen (→ S. 133).
  - **Metaphern** bzw. **Vergleiche** sind offen und mehrdeutig: Zwei Sachbereiche ohne direkten Bezug werden miteinander verknüpft. Ein Wort wird in einer übertragenen Bedeutung gebraucht. Es gibt eine Beziehung der Ähnlichkeit zwischen dem Gesagten und der übertragenen Bedeutung, z.B.: Gott als Fels (Ps 18,32).
  - **Symbole** sind bildhafte Zeichen, die auf eine tiefere Wirklichkeit verweisen, aber in keinem direkten Bezug zum Dargestellten stehen: Ring als Symbol der Liebe. Die Bedeutung ist kulturell tradiert.

Mythen

- Mythen sind eine Möglichkeit der (religiösen) Weltdeutung. Sie suchen Antworten auf Fragen nach dem Ursprung der Menschheit. Sie erheben den Anspruch, wahr zu sein. Phänomene der Gegenwart werden mit Ereignissen aus der Urzeit erklärt. Der Mythos ist eine Elementarform religiöser Rede im Alten Testament und im Orient. Nach Hans-Peter Müller ist, er „eine Gattung früher mündlicher Erzählüberlieferung", die für Grundmuster von Religion strukturierend war und strukturierend geblieben ist „weit über die Zeit einer Produktivität der Gattung hinaus". Mythen prägen die Kultur der Völker und sie formen deren Identität (Weihnachten, Ostern).
- Das griechische Wort „Mythos" bedeutet Rede oder Erzählung. Es werden drei Bedeutungsebenen unterschieden:
  - **Götter- und Ursprungssagen** wie z. B. Schöpfungsmythen oder Göttererscheinungen (etwa am Berg Sinai) finden sich in der Bibel: die Schöpfungserzählung, die Geschichte von Kain und Abel, die Erzählung von der Sintflut und der Arche Noah, der Turmbau zu Babel oder apokalyptische Erzählungen.
  - **Gründungsmythen** stiften die Identität einer Gemeinschaft: Exoduserzählung, Christuserzählungen, Geschichten über Martin Luther.
  - Ereignisse, Gegenstände oder Personen mit hoher symbolischer Bedeutung haben den Status eines Mythos, z. B. Faust-Mythos.
- **Interpretation** mythischer Erzählungen:
  - Die **fundamentalistische Deutung** beruht z. B. auf dem wörtlichen Verständnis der Texte: Gott erschuf die Welt in sieben Tagen (→ S. 26).
  - Die **Entmythologisierung** der biblischen Texte nahm Rudolf Bultmann (* 1884; † 1976) vor: Mythen sind zeitbedingte Redeweisen der Bibel über die Menschen und ihre Beziehung zu Gott und Jesus Christus (→ S. 106).
  - Die Bibel kann auch **symbolisch** interpretiert werden: Die Gestalten und Motive verkörpern zentrale menschliche Erfahrungen, die symbolisch gemeint sind: der Teufel als die bösen Eigenschaften eines Menschen.

Religion und Gesellschaft heute

- In der heutigen Gesellschaft ist die religiöse Situation von folgenden Faktoren beeinflusst:
  - **Säkularisierung:** Religion verliert in den verschiedenen Bereichen des öffentlichen Lebens und auch für die Lebensdeutung des einzelnen Menschen an Bedeutung (→ S. 63). Dies ist messbar am Rückgang der Gottesdienstbesucher, an der sinkenden Zahl der Kirchenmitglieder und erkennbar am schwindenden Ansehen der Amtsträger.
  - **Individualisierung:** Viele Menschen glauben heute beispielsweise an Wiedergeburt (→ S. 172) wie Hinduisten oder Buddhisten (→ S. 37 f.) und feiern dennoch Ostern, das Fest der Auferstehung Jesu Christi (→ S. 110). Der Glaube löst sich von der institutionalisierten Religion und wird zur individualisierten Heilslehre, die Elemente unterschiedlicher Religionen miteinander kombiniert (Synkretismus → S. 13).
  - **Pluralismus:** Kein weltanschauliches System hat das Monopol der Weltdeutung. Alle Religionen sind gleichberechtigt, keine kann den Vorrang beanspruchen in einer pluralen Gesellschaft (→ S. 158). Die Mitglieder der Religionen können voneinander lernen, gemeinsam nach der Wahrheit suchen und ihren Glauben vertiefen.

- Modelle für den religiösen Wahrheitsanspruch in unserer Gesellschaft:
  - **Exklusivismus**: Die eigene Lehre wird als alleingültig und absolut richtig angesehen. Alle Menschen müssen diesen Weg annehmen und sich dazu bekennen. In fundamentalistischen Strömungen (→ S. 25) aller Heilslehren ist diese Haltung bis heute anzutreffen.
  - **Inklusivismus:** Die eigene Lehre ist zwar die überlegene Lehre, aber auch andere Religionen können Teil-Wahrheiten enthalten. Nicht-Christen können z. B. nach den Aussagen des Zweiten Vatikanischen Konzils (→ S. 16) zum Heil gelangen, wenn sie den christlichen Grundsätzen folgen, auch wenn sie ungetauft sind und sich nicht zum Christentum bekennen. Der christliche Anspruch lautet aber, dass Jesus Christus für das Heil des Einzelnen einzigartig bleibt und nicht durch andere historische Gestalten ersetzt werden kann.

Glaube und Wissen

- **Platon** (* um 428 v. Chr.; † um 347 v. Chr.): Das Wahre, Gute und Schöne haben ihren Ursprung in Gott, da sie jeweils universell gültig sind.
- **Aristoteles** (* 384 v. Chr.; † 322 v. Chr.): In allen Kulturen und zu allen Zeiten gibt es Spuren des Religiösen, daher gehört Religion zum Wesen des Menschen.
- **Augustinus** (* 354; † 430) unterscheidet:
  - **„fides qua creditur"** = der Glaube, mit dem geglaubt wird: meint den Glaubensakt, das heißt der Glaube, der gelebt wird, die Aneignung des Glaubens und das Vertrauen in Gott.
  - **„fides quae creditur"** = der Glaube, welcher geglaubt wird: Glaubensinhalte wie das Gottesbild der Christen sind dazu da, den persönlichen Glauben zu unterstützen.
  - Das Wort „Glaube" hat demnach zwei Komponenten: die Inhalte des Glaubens und das Vertrauen in Gott.
- **Anselm von Canterbury** (* um 1033; † 1109): „fides quaerens intellectum" = der Glaube, der nach der Vernunft sucht. Der christliche Glaube soll mit der Vernunft begründet werden (→ S. 71).
- **Pascalsche Wette**: Blaise Pascal (* 1623; † 1662) geht davon aus, dass es stets besser sei, an Gott zu glauben, als dies nicht zu tun. Der zu erwartende Gewinn für einen Gläubigen sei nämlich größer als für einen Ungläubigen. Daher sei es besser, darauf zu wetten, dass es Gott gibt. Pascals „Wette" basiert allerdings auf einem Gottesbild, das Glauben belohnt und Unglauben bestraft (→ S. 74).

	Man glaubt.	Man glaubt nicht.
Gott existiert.	höchster Gewinn	höchster Verlust
Gott existiert nicht.	kein Gewinn, kein Verlust, aber Gott gibt dem Leben Sinn	kein Gewinn, kein Verlust

Wahrheitssuche in der Philosophie: Platon

- **Philosophie:** Die Naturphilosophen der Antike haben versucht, ihr Wissen aus der Beobachtung der Natur zu gewinnen (→ S. 145).

- **Platon** (* um 428 v. Chr.; † um 347 v. Chr., → S. 29) und später auch Hegel (* 1770; † 1831) vertraten die Ansicht, dass die wahrgenommenen Dinge nur einer Vorstellung/Idee entsprechen und die Wahrheit im Menschen selbst gründet.

- Platons berühmtes **Höhlengleichnis** veranschaulicht seine Ideenlehre. Es findet sich in seinem Hauptwerk „Politeia". Darin geht es um Menschen, die in einer Höhle an Ketten gefesselt leben, wodurch sie stets auf eine Felswand blicken. Hinter ihnen flackert ein Feuer. Die Menschen sehen nur die Schattenbilder von Gegenständen, die hinter ihnen vorbeigetragen werden. Sie halten diese Bilder jedoch für die Wirklichkeit. Was passiert, wenn ein Gefangener freigelassen würde? Man müsste ihn zwingen, sich umzudrehen und ins Licht zu blicken. Er wäre erst einmal geblendet und würde kaum glauben, dass alles, was er zuvor gesehen hatte, nur ein Abbild war. Auch zum Aufstieg ans Tageslicht müsste man ihn zwingen. Geblendet von der Sonne würde er zunächst lieber wieder zurück in die Höhle wollen. Erst allmählich könnte er sich an das Licht und die Wirklichkeit außerhalb der Höhle gewöhnen. Zurückgekehrt in die Höhle würde er den anderen Gefangenen von seiner Erfahrung berichten. Doch sie würden ihn nicht verstehen, ihn nur als Schatten wahrnehmen und in ihrer Welt gefangen bleiben.

- **Deutung:** Platons Höhlengleichnis verdeutlicht den Weg des Philosophen: Das Ziel ist der Aufstieg aus der sinnlich wahrnehmbaren und vergänglichen Welt der Dinge (unterirdischen Höhle) in die rein geistige Welt der ewigen Ideen. Dies ist die Grundaussage der Erkenntnistheorie Platons. Die Höhle versinnbildlicht die Umgebung des Menschen, die Welt. Der Aufstieg ans Tageslicht entspricht dem Aufstieg der Seele zu den unwandelbaren Ideen. Die Idee des Guten nimmt den höchsten Rang ein, ihr entspricht im Höhlengleichnis die Sonne.

Die Kantischen Fragen

- Im Zeitalter der Aufklärung vollzog sich ein Wandel in der Erkenntnistheorie. Laut Immanuel Kant (* 1724; † 1804) sind nur subjektive Aussagen möglich. Der Mensch kann nur sagen, wie ihm die Dinge erscheinen. Die letzten Fragen lassen sich nicht objektiv klären.
- Religionen sind Deutungssysteme für den Menschen in den Bereichen, in denen das eigene Erkenntnisvermögen an seine Grenzen kommt.
- Es gibt vier Grundfragen menschlicher Existenz:
  - Was ist der Mensch?
    → Frage nach Ursprung und Aufgabe des Menschen
  - Was kann ich wissen?
    → Frage nach der Möglichkeit des Erkennens
  - Was soll ich tun?
    → Frage nach der Begründung des moralischen Handelns
  - Was darf ich hoffen?
    → Frage nach dem Glauben an ein Weiterleben nach dem Tod
- Kant konzentrierte sich auf den Menschen als wahrnehmendes Subjekt und bewertete die Bedeutung seiner Aussagen als „kopernikanische Wende“ in der Philosophie. Jeder Mensch hat die gleiche Fähigkeit zur Erkenntnis, weil jeder Mensch die Vernunft in sich trägt (→ S. 74, 146).

Wahrheitssuche in den Wissenschaften: die Methode der Naturwissenschaft

- **Vorgehensweise:**
  - Zunächst werden durch gezielte Beobachtungen **Daten** gesammelt.
  - Um Zusammenhänge zu erklären, äußert der Naturwissenschaftler eine begründete Vermutung, er stellt also eine **Hypothese** auf.
  - Dieser Schluss von einzelnen Beobachtungen auf eine allgemeine Gesetzmäßigkeit nennt man **Induktion**.
  - Dann wird die Hypothese in wiederholbaren Versuchen getestet. Diese Anwendung einer allgemeinen Behauptung auf Einzelfälle nennt man **Deduktion**.
  - Erweist sich die Hypothese auch nur ein einziges Mal als falsch, ist sie falsifiziert, stimmt also nicht und wird verworfen. Nun muss die Hypothese verändert oder ganz neu erstellt werden, bis sie in vielen Versuchen bestätigt wird **(Verifizierung).** Sie gilt als Naturgesetz, solange sie nicht durch neue Experimente falsifiziert wird.
- **Grenzen der Naturwissenschaft:**
  - Ethische und politische Fragestellungen gehen über das Machbare hinaus und können nicht mithilfe der Naturwissenschaft beantwortet werden.
  - Einmalige, persönliche, menschliche Erfahrungen wie Liebe, Trauer, Enttäuschung, Freude usw. können nicht beliebig wiederholt werden, dazu sind also keine objektiv vergleichbaren Experimente möglich.
  - Den Sinn des Lebens, persönliche Lebensbewältigung, Deutungen der Welt als Ganzes, Glaubensfragen berücksichtigt die Naturwissenschaft nicht, also kann sie auch nichts Verlässliches dazu sagen.

Wahrheitssuche in den Wissenschaften: der hermeneutische Zirkel als eine Methode der Geisteswissenschaft

- **Hermeneutik** ist die Lehre vom Verstehen von Texten. Das Verstehen der Bibel als Basistext des Christentums ist nie abgeschlossen. Das Verständnis des einzelnen Menschen vertieft sich fortwährend nach einem sich wiederholenden Muster, dem **hermeneutischen Zirkel**. Dieser Prozess ist nie abgeschlossen, er kann sich immer neu ereignen.
  - Der Leser hat vor seiner ersten Begegnung mit dem Text seine individuelle Sicht auf die Welt und begegnet mit diesem „Vorverständnis" dem Text. Der Text erschließt sich dem Leser, wenn es zu einer Verschmelzung von Text- und Leserhorizont kommt.
  - Texthorizont: meint die Welt, in der der Text verfasst wurde, z.B. die Weltsicht der Autoren der Bibel.
  - Leserhorizont: meint z.B. die Weltsicht eines Menschen, der in Deutschland im frühen 21. Jahrhundert geboren wurde und in einer demokratischen Industriegesellschaft mit Internet lebt.
  - Der Text verändert die Weltsicht des ihn lesenden Menschen. Liest dieser Mensch (mit seinem jetzt neuen Vorverständnis) den Text nochmals, wird er Teile daraus neu verstehen. Mit jedem Durchlauf des Zirkels kommt es zu neuen Erkenntnissen. Das Wissen um Details des Textes, von denen der Leser vor dem Lesen nichts wusste, verändert sein Verständnis vom Text als Ganzes. Auch Erkenntnisse aus anderen Wissensgebieten können zu einem neuen, vertieften Verstehen führen, etwa Kenntnisse der Archäologie oder Sprachwissenschaft.
  - Einzelne Stellen der Bibel kann man erst richtig verstehen, wenn man sie in das Ganze des Textes einordnen kann. Ebenso versteht man den Text als Ganzes erst, wenn man die einzelnen Abschnitte versteht. Ein weiterer hermeneutischer Zirkel besteht darin, dass man einen Text besser versteht, wenn man sich in die Zeit seiner Entstehung hineinversetzen kann. Andererseits erfährt man über die Entstehungszeit etwas, wenn man diesen Text liest. Indem man diesen Kreislauf mehrfach durchläuft, kann man das Verständnis des Textes vertiefen (→ S. 93).
  - Dieser Prozess ist grundsätzlich nicht abgeschlossen, sondern offen für immer neue Erkenntnisse.

Der Begriff „Erkennen" im Alten Testament

- Der Theologe Heinzpeter Hempelmann (* 1954) analysiert die Verwendung des Begriffs „erkennen" (hebräisch jd') im Alten und im Neuen Testament. Im Alten Testament wird
  - jd' parallel zu **„sehen"** gebraucht, Wort und Wirklichkeit müssen übereinstimmen: „Der Prophet aber, der Heil prophezeit – an der Erfüllung des prophetischen Wortes erkennt man den Propheten, den der Herr wirklich gesandt hat." (Jer 28,9)
  - jd' wird für ein Wissen gebraucht, das aus **Erfahrung** gewonnen wird. Erkenntnis ist also eine überlieferte Tradition. Sie ist das Ergebnis der Erfahrung mehrerer Generationen: „Mein Sohn, wenn du meine Worte annimmst und meine Gebote beherzigst, [...] dann wirst du die Furcht des Herrn begreifen und Gotteserkenntnis finden." (Sprüche 2,1.5)
  - jd' bezeichnet eine **Handlung** als Dimensionen von Erkenntnis. Die Bedeutung des „umgehen mit" wird zum „handeln, tun", wenn gefragt wird: „Dem Schwachen und Armen verhalf er zum Recht. Das war gut. Heißt nicht das, mich zu erkennen?" (Jer 22,16).
  - jd' wird nicht nur für die **Erfahrung der Offenbarung Gottes** als Kundgabe von Wissen gebraucht. Gott gibt sich zu erkennen, indem er handelt, als er das israelische Volk aus Ägypten führt. Die machtvolle Wirklichkeit Jahwes zu erfahren, kann nur Gott selbst ermöglichen: „An dem Tag, als ich Israel erwählt habe, erhob ich meine Hand den Nachkommen des Hauses Jakob. Ich offenbarte mich ihnen im Lande Ägypten." (Hes 20,5)
  - jd' kann ein **Erwähltsein** beschreiben. Israel gewinnt dadurch Identität, dass es sich von anderen unterscheidet und in einer besonderen Beziehung zu Gott steht: „Nur euch habe ich erkannt unter allen Stämmen der Erde." (Amos 3,2)

Der Begriff „Erkennen“ im Neuen Testament

- Gottes- und Welterkenntnis vollzieht sich in der **Erkenntnis des gekreuzigten Christus**, in der Erkenntnis der historischen Offenbarung Gottes in Jesus von Nazareth: „Keiner der Machthaber dieser Welt hat sie erkannt; denn hätten sie die Weisheit Gottes erkannt, so hätten sie den Herrn der Herrlichkeit nicht gekreuzigt.“ (1 Kor 2,8) Das eigene Denken und Bewerten verändern sich angesichts einer Welt, die dadurch bestimmt ist, dass sie die Liebe Gottes in Jesus Christus ans Kreuz schlug. Die Nachfolge des gekreuzigten Jesus erscheint plötzlich als attraktiv.

- Das reine Wissen stellt noch keine Erkenntnis dar, erst die **Liebe** führt zu einem Erkennen, das die Gemeinschaft aufbaut und dem Nächsten zum Leben verhilft: „Gewiss, wir alle haben Erkenntnis. Doch die Erkenntnis macht aufgeblasen, die Liebe dagegen baut auf.“ (1 Kor 8,1)

- In der **Nachfolge Jesu** kann Gott tiefer erfasst werden: „Ihr kennt mich und wisst, woher ich bin; aber ich bin nicht von mir aus gekommen, sondern er, der mich gesandt hat, ist wahrhaftig. Ihr kennt ihn nur nicht. Ich kenne ihn, weil ich von ihm komme und weil er mich gesandt hat.“ (Joh 7,28–29)

- Der sündigende Mensch ist noch nicht fähig zur klaren Erkenntnis Gottes, dies kann nur im **Glauben** vollzogen werden: „Euch ist das Geheimnis des Reiches Gottes gegeben; für die aber, die draußen sind, geschieht alles in Gleichnissen; denn sehen sollen sie, sehen, aber nicht erkennen; hören sollen sie, hören, aber nicht verstehen, damit sie sich nicht bekehren und ihnen nicht vergeben wird.“ (Mk 4,12)

- Erkenntnis Gottes in der sich durch Jesus Christus erschließenden Beziehung zu Gott befreit den Menschen und führt zum **ewigen Leben**: „Verherrliche deinen Sohn, damit der Sohn dich verherrlicht! Denn du hast ihm Macht über alle Menschen gegeben, damit er allen, die du ihm gegeben hast, ewiges Leben schenkt. Das aber ist das ewige Leben: dass sie dich, den einzigen wahren Gott, erkennen und den du gesandt hast, Jesus Christus.“ (Joh 17,3)

Konstruktivistische Erkenntnistheorie

- Die Kybernetik beschäftigt sich mit Informationserwerb und -verarbeitung in dynamischen Systemen.
- Grundgedanken **Kybernetik 1. Ordnung (= naiver Realismus)**
  - Die Welt existiert unabhängig von unserem Bewusstsein.
  - Die Welt wirkt auf unsere Sinne ein und erzeugt Reaktionen.
  - Unser Gehirn spiegelt die Welt wider, bildet sie objektiv ab.
- **Kybernetik 2. Ordnung (= Konstruktivismus)**
  - Außerhalb von uns, unabhängig von uns, existiert eine Welt, die wir aber nicht objektiv wahrnehmen können (= Realität).
  - Die Beschränktheit unserer Wahrnehmungsfähigkeit beeinflusst unsere Wahrnehmung, wir konstruieren unsere subjektive Vorstellung von dieser Realität (= Wirklichkeit). Wir können also nicht wissen, ob unsere Vorstellung von der Welt (die Wirklichkeit) der Welt (der Realität) wirklich entspricht.
  - Wir registrieren nur, wofür wir die entsprechenden Sinnesrezeptoren besitzen. Die musikalische Wahrnehmung etwa wird im Gehirn produziert. Farben sind elektromagnetische Wellen, die als blau, rot, gelb interpretiert werden. Wir können also die Welt nicht so wahrnehmen, wie sie ist, sondern nur so, wie sie unser Gehirn interpretiert. Wir können deshalb nur subjektive Aussagen treffen über die Welt.
  - Wenn sich eine Gemeinschaft von Menschen auf eine bestimmte Konstruktion der Wirklichkeit einigt, erscheint die von jedem einzelnen konstruierte Wirklichkeit objektiv. Die Wirklichkeit erscheint stabil, wenn und weil viele diese Konstruktion bestätigen.
- **Konsequenzen** aus der Idee des Konstruktivismus:
  - Die Wirklichkeiten anderer müssen toleriert werden, sie haben ebenfalls eine Berechtigung.
  - Jeder Mensch erzeugt seine eigene Wirklichkeit und ist daher auch dafür verantwortlich.

Fundamentalismus versus Vernunft

- Fundamentalismus erkennt man etwa an einer buchstäblichen Schriftauslegung; an der Verabsolutierung einer Lehrmeinung, ohne die Bereitschaft zur Diskussion; Intoleranz gegenüber Randgruppen, Andersgläubigen, Kritikern; Ablehnung moderner wissenschaftlicher Erkenntnisse; Akzeptanz der Bibel als einzige Instanz der Erkenntnis (Verbalinspiration, d.h. die Meinung, der Heilige Geist habe die Bibel wörtlich diktiert, die Texte seien frei von Fehlern und müssen buchstäblich geglaubt und befolgt werden.); Ablehnung von Pluralismus, Frauenrechten und Evolutionslehre (→ S. 26); Dualismus und Fixierung auf die Wahrnehmung des Bösen; Angst und Unsicherheit.
- Das Erste Vatikanische Konzil betont jedoch, dass es keinen Widerspruch zwischen Vernunft und Glaube geben kann: „Wenn nun auch der Glaube über der Vernunft steht, so kann doch zwischen Glaube und Vernunft niemals ein wirklicher Widerspruch bestehen. Hat doch derselbe Gott, der die Geheimnisse offenbart und den Glauben daran eingießt, der Menschenseele auch das Licht der Vernunft gegeben. Gott aber kann sich doch nicht selbst verneinen, noch kann je eine Wahrheit der andern widerstreiten."
- Papst Franziskus (* 1936) spricht sich gegen Fundamentalismus aus: „Eine fundamentalistische Gruppe ist gewalttätig, selbst wenn sie niemanden tötet und niemanden schlägt. Die mentale Struktur des Fundamentalismus ist Gewalt im Namen Gottes." (Interview mit „La Vanguardia" vom 13.06.2014)
- Vernünftiger Glaube kann bedeuten:
  - Die Bibel als historisch gewachsenes Buch zu lesen und zu fragen, was die Autoren den Menschen ihrer Zeit mitteilen wollten (→ S. 93); Akzeptanz der modernen Forschung sowohl in den Bereichen Bibelwissenschaft als auch Evolution;
  - sich von der Tradition leiten zu lassen, das kirchliche Lehramt als wichtige Instanz zu betrachten, den Papst als wichtig für die Christenheit zu bewerten,
  - den Verstand zu gebrauchen im Sinne von Immanuel Kant (→ S. 19, 146).

Unreflektierte Deutung der Schöpfungserzählungen

- Charles Darwins (* 1809; † 1882) Evolutionstheorie stellte den buchstabengetreuen biblischen Schöpfungsglauben in Frage. Die Schöpfungsgeschichten der Bibel scheinen mit den Ergebnissen der modernen Wissenschaft nicht vereinbar. Nur eine von beiden Varianten scheint wahr sein zu können, was manche Christen zu radikalen Positionen veranlasst:
  - **Kreationismus** (von lat. „creatio“ = Schöpfung) ist eine evangelikale Bewegung, nach der das Universum buchstäblich so entstand, wie es die Schöpfungsgeschichte schildert. Gott hat Kosmos und Lebewesen in einem Schöpfungsakt geschaffen. In Arkansas (USA) wurde 1928 die Evolutionslehre von Charles Darwin per Gesetz im Schulunterricht verboten; inzwischen müssen beide Theorien unterrichtet werden.
  - Die **Intelligent-Design-Bewegung** modifiziert den Kreationismus. Sie lehnt die Evolutionslehre nicht komplett ab, erklärt unerklärliche Phänomene aber mit dem Eingreifen eines „intelligenten Urhebers“. Die Evolution laufe zudem zielgerichtet und nach Gesetzen ab.
- **Bewertung:**
  - Diese Positionen stellen Grenzüberschreitungen dar, weil Glaubensaussagen der Bibel naturwissenschaftlich verstanden werden (→ S. 27). Auch werden die Erkenntnisse der Bibelwissenschaft ignoriert, welche auf Fehler der Verfasser hinweist und Widersprüche in den Texten thematisiert (→ S. 93).
  - Die Bibel ist eine Deutung der Geschichte als Heilsgeschichte, kein wissenschaftliches Lehrbuch. Sie verwendet eine zeitgebundene und mythische Sprache (→ S. 15). Die Schöpfungsgeschichte thematisiert die Würde des Menschen und sein Verhältnis zu seiner Umwelt (→ S. 30, 87 f.).
  - Die biblischen Texte sind entstanden aus einer Haltung des Vertrauens auf den Gott Israels und der Erkenntnis, dass derselbe Gott, der Israel aus der Sklaverei herausgeführt hat, als einziger Gott die ganze Welt umfasst. Welt und Mensch sind von diesem Gott gewollt und damit gut (Gen 1,31). Die Bibel will Wesensaussagen über den Menschen machen: Jeder Mensch hat als Abbild Gottes eine unverlierbare Würde und ist fähig zu moralischem Handeln. Er hat die Aufgabe, verantwortlich mit seiner Umwelt umzugehen, „den Garten zu bebauen und zu hüten“ (Gen 2,15) → S. 87.

Das Verhältnis von Naturwissenschaft und Religion

- Naturwissenschaften erforschen die Natur, Religionen deuten die Aufgabe des Menschen in der Welt und ihre Beziehung zu Gott. Beide haben somit unterschiedliche Zugänge zur Wirklichkeit. Nach dem Neutestamentler Gerd Theissen (* 1943) fragt die Naturwissenschaft nach dem Faktischen, die Theologie nach Sinn und Wert.

- Beide Wissenschaften müssen sich nicht ausschließen, sondern können sich gegenseitig befruchten. Zu den wichtigsten Vertretern des **Dialoges zwischen Naturwissenschaft und Religion** gehören der Theologe Hans Küng (* 1928), die Physiker Werner Heisenberg (* 1901; † 1976) und Albert Einstein (* 1879; † 1955).
  - **Hans Küng** spricht von einem Komplementaritätsmodell und plädiert für die gegenseitige Ergänzung von Naturwissenschaften und Theologie.
  - Nach **Albert Einstein** wird in der Unbegreiflichkeit des Universums eine grenzenlos überlegene Vernunft offenbar. Sie kann in der Erkenntnis der universalen Zusammenhänge ein religiöses Gefühl erzeugen.
  - Die Quantenmechanik zeigt nach **Werner Heisenberg**, dass Materie sich wandelt und verschwindet. Raum, Zeit und Energie sind nach dem Urknall entstanden und keine festen und unwandelbaren Größen.

- **Schöpfung oder Urknall?**
  - Das Urknall-Modell kann die Entstehung des Universums wissenschaftlich beschreiben. Die Ursache des Urknalls ist nicht geklärt.
  - Die Theologie geht heute mehrheitlich von der Idee einer theistischen Evolution aus: Gott erschafft die Welt permanent neu in einer „Creatio Continua" (lat. für „fortdauernde Schöpfung") → S. 26.
  - Der Theologe Teilhard de Chardin (* 1881; † 1955) glaubt, dass die Evolution zielgerichtet verlaufe hin zu einer vergeistigten Einheit alles Seienden im Punkt Omega. Die Einheit von Gott und Welt habe sich in Christus bereits angedeutet und werde durch die Liebe zukünftig vollendet.

Grundlagen des Menschenbildes

- Der Begriff **Person** ist ein rechtlicher und ein philosophischer Begriff. Personen haben Rechte, besitzen Vernunft, sind selbstbewusst und selbstbestimmt und daher schuldfähig. **Individuum** (das Unteilbare) bezeichnet ein Wesen, das einmalig und klar unterschieden ist von anderen. Der Mensch kann selbst entscheiden und handeln, das macht ihn zum **Subjekt**.
- Diese Aspekte bestimmen die Diskussion um das Menschenbild:
  - Der Mensch kann als rein stoffliche, biochemische Erscheinung betrachtet werden oder als Einheit von **Geist** (lat. „anima“) und **Körper** (lat. „corpus“).
  - Wie viel Gewicht den Interessen des **Individuums** in einer Gesellschaft eingeräumt werden und wie groß der Anspruch der **Gesellschaft** ist, dass der Einzelne sich in den Dienst der Gemeinschaft zu stellen hat, diese Frage wird in den Kulturen unterschiedlich beantwortet.
  - Eine weitere Frage ist, ob der Mensch einen **freien Willen** hat oder ob das Bewusstsein des Menschen von festgelegten Faktoren (Genen, Umwelt, Gesundheit) bestimmt **(determiniert)** wird (→ S. 33 f.).
  - Die menschliche Sinndeutung bewegt sich zwischen den Polen des **Atheismus** (→ S. 59) und den **Sinnsystemen von Weltanschauungen und Religionen**. Eine extreme Form der Ablehnung jeglichen Sinns findet sich im **Nihilismus** (Friedrich Nietzsche → S. 63), der jeden Wert und jeden ethischen Anspruch negiert.
  - Aus der Perspektive des Anthropozentrismus (= der Mensch steht im Mittelpunkt der Weltdeutung) kommt ihm eine Sonderstellung in der Schöpfung zu, nicht zuletzt wegen seiner geistigen und sprachlichen Fähigkeiten. Andere sehen den Menschen als Teil der Natur und auf einer Ebene mit den Tieren (→ S. 143).
  - Schließlich geht es noch um die Frage, ob das menschliche Leben **endlich** oder **unendlich** ist. Lebt die Seele der Menschen weiter, verschmilzt die Seele nach dem Tod mit einem größeren Ganzen, verliert sie ihre Individualität oder ist ein Weiterleben des Menschen nur in der Erinnerung der Gesellschaft möglich?

Antike Menschenbilder

- **Platon** (* um 428 v. Chr.; † um 347 v. Chr., → S. 18): Leib-Seele Dualismus
  - Der Körper ist das Gefängnis der Seele. Der Leib steht für das Unvernünftige wie Hunger, Durst oder Liebe.
  - Die Seele ist das eigentliche Wesen des Menschen. Sie ist vernünftig und unsterblich und göttlichen Ursprungs.
  - Nach dem Tod sucht sich die Seele einen neuen Körper, d.h. es findet eine Seelenwanderung statt.
- Für **Aristoteles** (* 384 v. Chr.; † 322 v. Chr.) gibt es eine Verbindung von Leib und Seele.
  - Der Körper ist das Werkzeug der Seele. Sein Wesen wird von der Seele bestimmt.
  - Mit den Tieren hat der Mensch die Sinne, die Bewegungsfähigkeit und die Sterblichkeit gemeinsam.
  - Die Seele ermöglicht ihm Sprache und Vernunft, der Mensch ist für ein Leben in Gemeinschaft bestimmt.
  - Der Mensch ist ein „zoon politikón" (griech.), ein Staaten bildendes Gemeinschaftswesen, das in der Lage ist, die Gesellschaft nach ethischen Prinzipien zu regeln.
- Die philosophische Richtung der **Stoa** (→ S. 79) bildet eine Synthese des platonischen und des aristotelischen Menschenbildes.
  - Wie bei Platon und Aristoteles ist die Seele göttlichen Ursprungs, aber sie ist sterblich.
  - In den Erscheinungen der Natur kann der Mensch die göttlichen Gesetzmäßigkeiten erkennen und danach handeln (→ S. 18).
  - Glück erlangt der Mensch, indem er nach ethischen Richtlinien lebt.
  - Alle Menschen sind gleich und haben Menschenrechte. Sklaverei wird in Frage gestellt.
  - Das römische Recht spiegelt dieses Denken in Ansätzen wider, indem römische Bürger und Bewohner des Römischen Reiches Bürgerrechte hatten. Frauen und Sklaven waren davon aber ausgenommen.

Der Mensch in den Schöpfungsberichten

- Der Mensch ist kein zufälliges Produkt der Natur, sondern von Gott gewollt. Er ist wie andere Lebewesen von Gott geschaffen und doch ein besonderes Wesen, indem er Gott ähnlich ist. Das biblische Menschenbild ist dreidimensional angelegt: Jeder einzelne Mensch ist Gott ähnlich, er braucht die Gemeinschaft mit anderen Menschen und steht in Beziehung zum Schöpfergott.
- Charakteristika des **ersten Schöpfungsberichts** (→ S. 87):
  - Der Mensch wird am Ende der Schöpfung als Krönung geschaffen. Er entsteht aus dem bloßen Wort Gottes (Gen 1,26).
  - Der Mensch wird als Abbild Gottes (Gen 1,27) geschaffen, wodurch jeder Mensch eine unveräußerliche Würde erhält. Nicht nur der Herrscher, wie in der altorientalischen Welt üblich, sondern alle Menschen sind Ebenbild Gottes auf Erden.
  - Der Mensch ist der Statthalter Gottes auf Erden und soll über die Erde herrschen (Gen 1,26b).
  - Der Mensch ist ein soziales Wesen und wird als Mann und Frau geschaffen (Gen 1,27). Beide sind Abbild Gottes. Als Vater und Mutter ist der Mensch an Gottes Schöpfungsauftrag beteiligt.
- Charakteristika des **zweiten Schöpfungsberichts** (→ S. 87):
  - Der Mensch ist der Beginn des Schöpfungshandelns Gottes, was seine besondere Stellung betont. Gott formt den Menschen (hebr. „adam“) aus der Erde (hebr. „adamah“). Der göttliche Atem (hebr. „nefäsch“) macht aus „adamah“ den „adam“, aus der Erde den Erdling, die Einheit aus Geist (Atem Gottes) und Leib. Durch Gottes Atem hat der Mensch Anteil an der Göttlichkeit.
  - Die Aufgabe des Menschen ist, nicht nur die Welt zu gestalten, sondern sie auch zu behüten (Gen 2,7–15). Der Mensch darf die Schöpfung dennoch kreativ weiterentwickeln.
  - Der Mann bekommt eine Gefährtin, die ihm entspricht. Sie sind ein Fleisch, wesensgleich als „isch“ (hebr. Mann) und „ischah“ (hebr. Frau). Die Rippe Adams, aus der Eva geformt wird, befindet sich in der Nähe seines Herzens und betont deren besondere Beziehung.

Der ins Böse verstrickte, erlösungsbedürftige Mensch

- Genesis 3: Das Essen vom Baum der Erkenntnis ist ein ätiologischer Mythos, der zu erklären versucht, warum die Menschen Leid und Tod erleben müssen.
  - In dieser Erzählung wollen die Menschen sein wie Gott (Gen 3,22) und Gut und Böse erkennen. Sie haben die von Gott gesetzten Grenzen überschritten, vom Baum der Erkenntnis gegessen und werden daher aus dem Paradies vertrieben. Das Schamgefühl von Adam und Eva ist eine Folge dieser Fehlhandlung.
  - Eine weitere Folge ist, dass die Frau vom Mann dominiert wird, Menschen Schmerzen haben und der Mensch mühsam sein Leben durch Arbeit sichern muss.
  - Die Menschen haben seit dieser „Ursprungssünde" (Erbsünde) die Neigung zu sündigen in sich. Bei Kain und Abel (Gen 41–16) geht es um das Streben nach Geltung und Vorrang. Der innerste Kern der Sünde ist die Abwendung von Gott, Egozentrik, Orientierungslosigkeit und Maßlosigkeit, wie es in der Geschichte vom Turmbau zu Babel erzählt wird (Gen 11,1–9).
- Die Erlösung erfolgt durch Hinwendung zu Gott, zum Beispiel durch das Befolgen der Zehn Gebote (→ S. 143) und durch Jesus Christus:
  - Die Menschen haben die Möglichkeit, die göttliche Liebe anzunehmen, die Gott den Menschen in Jesus Christus gezeigt hat. Mit der Auferstehung (→ S. 110) hat Jesus den Tod überwunden und den Menschen Hoffnung geschenkt.
  - Erlösung geschieht in der Nachfolge Jesu, wenn man die Liebe Christi an den Nächsten verwirklicht: „Die Zeit ist erfüllt, das Reich Gottes ist nahe. Kehrt um und glaubt an das Evangelium!" (Mk 1,15) Nachfolge heißt, sich wie Jesus um Kranke, Sünder, Außenseiter zu kümmern, sodass jetzt schon ein Anfang von Erlösung möglich wird (→ S. 104): Blinde sehen wieder und Lahme gehen; Aussätzige werden rein und Taube hören; Tote stehen auf und den Armen wird das Evangelium verkündet." (Mt 11,5)

Schlechter oder guter Mensch in der Philosophie

- Nach Ansicht der Evolutionspsychologen ist das Gewaltpotential der Menschen Teil des genetischen Programms, das seinen Erfolg in der Evolutionsgeschichte bewirkte.
- Nach Ansicht vieler Kulturwissenschaftler ist das kulturelle Umfeld ein wesentlicher Faktor für oder gegen Gewaltbereitschaft.
- **Thomas Hobbes** (* 1588; † 1679), ein englischer Philosoph und Autor von „Leviathan", lebte in der Zeit des Dreißigjährigen Krieges (1618–48):
  - Aus Gründen der Selbsterhaltung versucht jeder Mensch, seine Interessen durchzusetzen, im Urzustand führt jeder gegen jeden Krieg. Der Mensch verhält sich dem Menschen gegenüber wie ein Wolf (lat. „homo homini lupus"), wenn keine staatliche Gewalt das Verhalten regelt. Das führt zum Krieg aller gegen alle (lat. „bellum omnium contra omnes").
  - Die Unterwerfung unter einen absoluten Herrscher kann das Verhalten der Menschen regeln, sodass sie ihren Egoismus, ihr Freiheitsstreben eingrenzen, weil sie den Nutzen erleben, dass der Staat Schutz und Sicherheit garantiert. Hobbes nennt diesen absoluten Herrscher „Leviathan" in Anlehnung an ein biblisches Meerungeheuer.
  - Insgesamt handelt der Mensch aus Interessen und Nützlichkeitsüberlegungen heraus.
- **Jean-Jacques Rousseau** (* 1712; † 1778) geht dagegen von der natürlichen Güte des Menschen aus.
  - Das Eigentum verursacht Egoismus und Ungleichheit unter den Menschen, was zu Neid, Streit und Krieg führt.
  - Er fordert daher gleiche Bedingungen für die Menschen. Die Erziehung soll den Menschen zu einem empfindsamen und guten Menschen machen.
  - Die Staaten sollen auf der Grundlage eines Gesellschaftsvertrages die natürliche Freiheit und Gleichheit aller Menschen garantieren.

Deterministisches Menschenbild

- Determinismus ist die Lehre von der kausalen Bestimmung aller Faktoren beim Menschen. Determinismus bedeutet also, dass das Leben vorherbestimmt ist, ohne dass der Menschen den Lauf seines Lebens beeinflussen und dafür verantwortlich gemacht werden kann.
  - **Burrhus F. Skinner** (* 1904; † 1990), Vertreter des **Behaviorismus**, glaubt, das menschliche Verhalten sei das Ergebnis eines Reiz-Reaktions-Mechanismus. Durch operantes Konditionieren können Verhaltensweisen durch Verstärkung angeregt werden. Wenn ein Hund bellt und dafür ein Lob bekommt, wird er durch erneutes Bellen die Zuwendung wiederholen wollen. Belohnung, z. B. Lob, aber auch Strafe können ein Verhalten verstärken.
  - Nach **Richard Dawkins** (* 1941), **Soziobiologe**, ist unser Verhalten durch den Kampf der Gene bestimmt. Arterhaltung ist das Ziel der Evolution. Nächstenliebe ist ebenfalls nur dazu da, die eigenen Gene durch die Unterstützung der Verwandtschaft zu fördern. Zugrunde liegt ein mechanistisches Menschenbild, wobei es nur um die Erhaltung der eigenen Gene geht (→ S. 67).
  - **Wolf Singer** (* 1943) als Vertreter der **neuronalen Hirnforschung** glaubt, dass der freie Wille eine Illusion ist. Der Mensch erklärt nachträglich sein Verhalten rational. Erregungsmuster im Gehirn bestimmen das Verhalten. Die rechtlichen Kategorien von Schuld und Verantwortung sind demnach überholt.

- **Argumente gegen den Determinismus:**
  - Chaosforschung und Quantentheorie sind Bereiche der Physik, die einem Determinismus widersprechen.
  - Die Zwillingsforschung hat gezeigt, dass genetische Faktoren allein nicht das Schicksal des Menschen bestimmen.
  - Alle Rechtssysteme basieren darauf, dass der Mensch schuldfähig ist und Verantwortung übernehmen kann.

Der freie Mensch

- Das Thema **Freiheit in der Bibel:**
  - Freiheit erfuhren die Israeliten, als Mose sie im Auftrag Jahwes aus Ägypten hinausführte (Ex 13,17 f.) und sie vor dem Pharao im Schilfmeer beschützte (Ex 14). Der Prophet Amos setzte sich für die Rechte der sozial Schwachen ein und gegen ihre Unterdrückung (Am 8,4 f.). Die Israeliten hofften im Babylonischen Exil auf ihre Befreiung durch die Ankunft eines Befreiers (Jes 61) → S. 43, 86.
  - In den Texten des Neuen Testaments zeigt sich Gott als derjenige, der Freiheit schenkt, in den Seligpreisungen (Mt 5), im Gleichnis vom verlorenen Sohn (Lk 15) oder in der Begegnung Jesu mit dem Zöllner Zachäus (Lk 19) → S. 104, 107. Bei Paulus geht es um die Befreiung aus den Schranken der mosaischen Tora (dem Gesetz). Die verschiedenen Positionen zeigen sich in der Auseinandersetzung um die Frage, ob man erst Jude werden muss, bevor man Christ werden kann (Apg 15) → S. 119.
- In der **Ethik** werden heute Handlungsfreiheit und Willensfreiheit unterschieden.
  - **Willensfreiheit** bedeutet, dass der Mensch seinen Willen bilden kann ohne soziale Zwänge und unbewusste Triebe.
  - **Handlungsfreiheit** bedeutet, sich aus verschiedenen Verhaltensmöglichkeiten für eine zu entscheiden. Diese Willensfreiheit wird von den Deterministen (→ S. 33) bestritten. Unsere Gene, unser Gehirn, unsere Erziehung, das Milieu, in dem wir leben, oder unsere Triebe bestimmen unser Verhalten.
  - Handlungsfreiheit aus freiem Willen zeigt sich darin, dass wir uns verantwortlich fühlen und uns bewusst entscheiden; wir uns verändern und reifen in unserem Verhalten; wir uns gegen Normen und Erwartungen entscheiden können; wir uns Ziele setzen und an unserer Entwicklung arbeiten.
- Nach Jean-Paul **Sartre** (* 1905; † 1980) ist Freiheit das, was der Mensch aus dem macht, was die Verhältnisse aus ihm gemacht haben (→ S. 36, 65).

Der geliebte Mensch

- Die Liebe Gottes zu den Menschen zeigt sich im **Bund Gottes mit Israel**. Israel ist das Volk Gottes (Dtn 26, 17–18) → S. 43.
  - Unabhängig vom Verhalten der Menschen sichert Gott bereits Noah nach der Flut den Bestand der Schöpfung zu (Gen 9,8–17) → S. 43.
  - Abraham wird von Gott gesegnet: „Ich werde dich zu einem großen Volk machen, dich segnen und deinen Namen groß machen. Ein Segen sollst du sein." (Gen 12,2) Im Segen zeigt sich die Annahme des Volkes Israel und die Zusage, von Gott gewollt zu sein.
  - Der Dekalog (= Zehn Gebote → S. 143) drückt die Verbindung von Gottes- und Nächstenliebe aus. Er ist die Bundesurkunde für das Volk Israel.
- In **Jesus** wird der Bund Gottes mit dem Volk Israels erweitert:
  - Das „Gleichnis vom verlorenen Sohn" (Lk 15,11–32) drückt die bedingungslose Liebe des Vaters zu seinen Kindern aus.
  - In den Heilungsgeschichten zeigt sich die Liebe Gottes, der das Heil der Menschen will.
  - In der Bergpredigt (→ S. 107) propagiert Jesus Gewaltverzicht und Feindesliebe.
  - In der Auferstehung Jesu (→ S. 110) verwirklicht sich die Liebe Gottes in der Zusicherung auf eine über die Lebenszeit des Menschen hinausgehende Gemeinschaft mit Gott.
- Das **Doppelgebot der Liebe**: „Du sollst den Herrn, deinen Gott, lieben mit deinem ganzen Herzen und deiner ganzen Seele, mit deiner ganzen Kraft und deinem ganzen Denken, und deinen Nächsten wie dich selbst." (Lk 10, 27) Durch die Erfahrung, geliebt zu sein, kann der Mensch Gott und andere Menschen lieben.
- Das Vaterunser ist ein Gebet, das die Liebe Gottes zu den Menschen ausdrückt, weil Jesus zeigt, dass der Mensch sich dem liebenden Vater anvertrauen kann.

Die Menschenbilder des Atheismus

- Karl **Marx** (* 1818; † 1883): marxistisches Menschenbild (→ S. 62)
  - Der Mensch ist ein hochentwickeltes Lebewesen auf der Basis biochemischer Prozesse (Materialismus).
  - Jedes Bild vom Menschen ist ein Spiegelbild bestehender Produktionsverhältnisse.
  - Der Mensch soll sich freiwillig dem Wohl der Gesellschaft unterordnen. Die Arbeit dient dem Aufbau einer gerechten Gesellschaft und nicht der herrschenden Klasse. So wird der Mensch befreit von der Entfremdung.
- Jean-Paul **Sartre** (* 1905; † 1980): existenzialistisches Menschenbild (→ S. 65)
  - Der Mensch hat keine vorgegebene Bestimmung. Er ist ins Dasein geworfen und nicht von Gott geschaffen.
  - Er muss auf Basis seiner Existenz seinen Sinn finden durch eine Entscheidung, wobei er völlig frei ist: ohne Gott, ohne natürliche Ordnung. Der Mensch ist das, was er aus sich macht.
  - Der Mensch ist zur Freiheit verurteilt, er ist radikal frei und ungebunden.
  - Eine Aufgabe des Menschen ist es, die Welt, den Staat und die Gesellschaft zu gestalten.
- Albert **Camus** (* 1913; † 1960): die Überwindung des Absurden
  - Die Welt ist absurd, sinnlos und von Leiden und Sterben bestimmt.
  - Die Welt wurde nicht von einem Gott geschaffen und es gibt kein Weiterleben nach dem Tod.
  - Man muss diese Tatsachen akzeptieren und sich dennoch um Freiheit, Liebe und Solidarität bemühen. Dieses absurde Bemühen wird für Camus im Mythos des Sisyphos deutlich.
  - Wenn wir uns empören gegen das sinnlose Leid, dann haben wir einen Sinn im Leben gefunden.

Buddhistisches Menschenbild

- Menschliches Leben bedeutet leiden. Der Buddhist will das Leiden beenden, indem er aus dem Kreislauf der Wiedergeburten aussteigt und verlöscht im Nirwana. Dies gelingt durch das Freiwerden von Wünschen und Begierden (→ S. 53).
- Das Ich des Menschen ist nach buddhistischer Auffassung eine Selbsttäuschung, die dadurch aufgelöst wird.
- Die „**Vier edlen Wahrheiten**" führen zur Erleuchtung:
  1. Das Leben ist Leiden und alles Glück ist vergänglich.
  2. Ursache des Leidens ist die Gier, das Streben nach Ansehen, Leben, Macht, Lust.
  3. Das Leiden wird überwunden durch Aufgabe der Gier.
  4. Die vierte Wahrheit zeigt den Weg, wie das Leiden beendet werden kann: der Achtfache Pfad. Meditation und Askese führen zur Überwindung der Gier und befreien aus dem Kreislauf der Wiedergeburten. Meditation und Askese befreien aus dem Kreislauf der Wiedergeburten und helfen, die eigenen Begierden überwinden.
- Der Weg aus dem Leid ist der **Achtfache Pfad**:
  - die rechte Erkenntnis,
  - rechte Einstellung,
  - rechtes Reden,
  - rechtes Handeln,
  - rechte Lebensweise,
  - rechtes Bemühen,
  - rechte Achtsamkeit,
  - rechte Meditation.
- **Kritische Anfragen**:
  - Ob das Leben nur Leiden ist, ist in Frage zu stellen.
  - Wer lebt, hat den Kreislauf der Wiedergeburten noch nicht überwunden, d.h. er muss noch einmal leben. Wiedergeburt bzw. das Leben als solches ist im Buddhismus negativ bewertet.

Hinduistisches Menschenbild

- Der Hinduismus ist eine vielschichtige Religion mit verschiedenen Traditionen (→ S. 53).
- Der Mensch hat im Hinduismus den höchsten Rang unter den Lebewesen, weil er Vernunft besitzt und ein moralisches Bewusstsein.
  - Brahman ist das vollkommene, aber unsichtbare Bewusstsein, das allgegenwärtig ist.
  - Das individuelle Selbst des Menschen wird als Atman bezeichnet. Es ist das Bewusstsein des Menschen und Teil des Brahman.
  - Der Körper des Menschen ist sterblich. Atman ist unsterblich und wird immer wieder neu geboren, als Mensch, Tier, Dämon oder Gott.
  - Das Karma aller Wesen entsteht aus den guten oder bösen Taten. Es bestimmt die Qualität der nächsten Geburt. Das heutige Leben resultiert aus den Folgen früherer Taten.
- Die Menschen können also ihr Leben beeinflussen.
  - Meditation, Yoga und Askese bilden den Weg des Wissens.
  - Nächstenliebe und soziales Engagement bilden den Weg des Handelns.
  - Ein Guru lehrt den Weg des Göttlichen, den dafür notwendigen Lebenswandel.
  - Es geht letztlich um die Überwindung des Dualismus zwischen Atman und Welt. Die Erlösung (Moksha) erfolgt durch die Einheit mit Brahman.
- Von der Geburt bis zum Tod ist ein Hindu an seine Kaste gebunden. Die oberste Kaste sind die Priester (Brahmanen). Es folgen in Kaste zwei die höheren Beamten, Fürsten, Soldaten. Die dritte Kaste bilden die Händler und Bauern; die vierte Kaste sind Knechte, Diener, Tagelöhner. Die große Mehrheit der Menschen sind die Unberührbaren. Das Kastenwesen wurde 1949 vom indischen Staat abgeschafft, beeinflusst die Gesellschaft aber weiter.

Islamisches Menschenbild

- Der Mensch ist **Statthalter Gottes** auf Erden. Er ist nicht Ebenbild Gottes wie im Christentum, denn Gott ist einzigartig. Aber der Mensch hat eine übergeordnete Stellung gegenüber den anderen Lebewesen (Sure 2,30 f.) → S. 52.
- Der Mensch muss sich an die Gesetze Gottes halten. Adam und Eva haben das göttliche Gebot übertreten und dadurch ihre Unschuld verloren, aber sie lernten Gut und Böse zu unterscheiden.
- Die Menschen begehen Sünden und müssen sich Gott in Umkehr und Buße zuwenden. Er ist barmherzig und verzeiht ihnen.
- Hilfe erhalten die Menschen von den Propheten: Abraham, Mose, Jesus und Mohammed. Mohammed (* um 570, † um 632) hat den endgültigen Willen Gottes im Koran niedergeschrieben. Der Mensch ist frei, diesem Willen zu folgen, er ist verantwortlich für sein Heil.
- Es gibt keine Aufnahmeriten, durch die man Muslim wird. Man muss nur das Glaubensbekenntnis sprechen. Schahāda:: „Es gibt keinen Gott außer Gott und Mohammed ist der Gesandte Gottes." Das Glaubensbekenntnis muss freiwillig erfolgen.
- Die „**Fünf-Säulen des Islam**" bilden die Ethik:
  - das Glaubensbekenntnis,
  - das fünfmalige Beten in Richtung Mekka,
  - das Geben von Almosen,
  - das rituelle Fasten im Fastenmonat Ramadan,
  - die Pilgerfahrt (Hadsch) nach Mekka.

Chinesisches Menschenbild

- Die chinesische Lebensdeutung wird geprägt vom Taoismus und vom Konfuzianismus. Im Alltag haben sie sich so ineinander verwoben, dass sich die beiden Lehren von Konfuzius und Laotse kaum mehr trennen lassen und eine Volksreligion bilden, in die auch noch buddhistische Vorstellungen eingeflossen sind.
- Eher **Konfuzius** (* um 551 v. Chr.; † um 479 v. Chr.) zuzurechnen sind diese Aussagen:
  - Der Mensch muss sich von Leidenschaften und Begierden befreien. Ziel ist es, in Harmonie mit dem Kosmos zu leben. Der Mensch ist für die Harmonie verantwortlich, in der Familie, im Staat und in der Welt. Sein aktives Engagement ist gefragt, um die natürliche Ordnung herzustellen.
  - Kinder sind zu Rücksichtnahme und Gehorsam verpflichtet. Ihre Aufgabe ist auch die Ahnenverehrung. Kinderlosigkeit wird daher als Unglück gesehen.
  - Menschen sollen einander achten. Frauen sind dem Mann untergeordnet.
  - Ethisch korrekt verhält sich, wer seine gesellschaftliche Stellung beachtet und so die Harmonie in der Welt stärkt.
- **Lao Tse**, der im sechsten Jahrhundert v. Chr. gelebt haben soll:
  - Es ist nicht sicher, ob der Verfasser des Tao Te King eine historische Person ist.
  - Tao wird mit Weg, Lehre oder kosmisches Prinzip übersetzt.
  - Man muss sich von Leidenschaften und Begierden befreien, um mit dem stillen Wirken der Natur auf mystisch-intuitive Weise eins zu werden.
  - Man sollte den natürlichen Prozessen des Lebens keinen Widerstand entgegensetzen und nicht eingreifen, da alles seinen natürlichen Verlauf nimmt. Ohne Kraftanstrengung geschieht, was sich an die natürlichen Wandlungsphasen von Yin und Yang anpasst.

Vorstellungen von Gott

- Die philosophischen Grenzen des menschlichen Sprechens hat **Ludwig Wittgenstein** (* 1889; † 1951) formuliert: „[...] wovon man nicht reden kann, darüber muss man schweigen." Die Problematik des Redens und Schreibens über Gott wird nicht zuletzt im Bilderverbot des Alten Testaments (zweites Gebot) aufgegriffen (→ S. 45). Aus dem Ignorieren des Gebotes ergeben sich z. B. diese Fehlvorstellungen:
  - Gott als Ursache alles Unerklärlichen (Naturphänomene, Leid);
  - Gott als Projektion unerfüllter Wünsche nach Geborgenheit, Sicherheit und Nähe. Gott als letzter Helfer in der Not, wenn alle anderen Möglichkeiten versagen;
  - Gott als Mann oder Frau mit menschlichen (anthropomorphen) Eigenschaften;
  - Gott als jenseitiger Richter, der nach dem Tod der Menschen für Ausgleich ungerechter Lebensverhältnisse sorgt;
  - Gott als Kraft oder Macht, ohne persönliche Beziehung zum Menschen.
- **Wie Gott gedacht werden kann**:
  - **Theismus**: Gott offenbart sich in der Geschichte. Er ist ein personaler Schöpfergott (so im Judentum, Christentum, Islam).
  - **Deismus**: Gott als Ursprung der Welt, der nach der Schöpfung nicht mehr in sie eingreift.
  - **Pantheismus**: Gott als unpersönliches, die Materie durchdringendes Prinzip (Stoa: Weltgeist), das der Welt göttliche Eigenschaften gibt. Schöpfung und Offenbarung sind so nicht denkbar (→ S. 42).
  - **Panentheismus**: Er steht zwischen Pantheismus und Theismus. Gott und Welt sind voneinander unterschieden (Theismus), aber Gott ist auch ein Teil (Immanenz) dieser Welt. Die Welt ist in Gott enthalten, aber Gott ist mehr als die Welt.
  - **Agnostizismus**: Metaphysische Fragen entziehen sich der menschlichen Erkenntnis. Aussagen über Gott werden abgelehnt. Die potenzielle Möglichkeit der Existenz einer nicht-materiellen Wirklichkeit wird nicht geleugnet.
  - **Atheismus**: Die Existenz Gottes wird verneint (→ S. 59).

Pantheismus

- Das Wort „Pantheismus" beinhaltet die Wortbestandteile griech. „pan" = alles und griech. „theos" = Gott und kann mit „Allgöttlichkeit" übersetzt werden. Gott und die Welt sind nicht voneinander unterschieden, die Welt ist von Gottes Geist durchdrungen. Naturerfahrungen spielen daher eine besondere Rolle.
- Diese Vorstellung steht im Widerspruch zur transzendenten Existenz außerhalb der Welt, konkret zu der Vorstellung von Gott als Schöpfer der Welt, der sich in der Geschichte offenbart.
- Im Pantheismus ist der Geist ein unpersönliches Prinzip, keine göttliche Person wie im Christentum.
- Die Idee findet sich schon in der Stoa (→ S. 29) mit der Annahme eines Weltgeistes (griech. „logos"). Der Neuplatoniker Plotin (* 205; † 270) gilt als Urheber des pantheistischen Denkens.
- Giordano Bruno (* 1548; † 1600) wurde mit seiner Gottesvorstellung als Ketzer verurteilt: Gott wohnt in allem, das Universum ist ungeschaffen und unendlich. Es gibt Leben außerhalb der Erde.
- Baruch de Spinoza (* 1632; † 1677) hat mit der Gleichsetzung von Gott und Natur die Gottesvorstellungen von Johann Wolfgang Goethe (* 1749; † 1832) und Albert Einstein (* 1879; † 1955) beeinflusst. In der Romantik und im Biedermeier gab es unter den Dichtern einige Anhänger des Pantheismus.
- Mystiker weisen den Vorwurf, Pantheisten zu sein, meist zurück, weil sie keinen theologischen Entwurf vertreten, sondern von einem Erlebnis, einer Gotteserfahrung des Individuums, sprechen.
- Naturreligionen sind häufig von pantheistischen Vorstellungen geprägt.
- Für den Atheisten Richard Dawkins (* 1941) ist der Pantheismus eine moderne Variante des Atheismus, da Gott zur bloßen Methapher für die Naturgesetze werde (→ S. 67).

Alttestamentliche Gottesbilder

- Im altorientalischen Umfeld lautet die **Bezeichnung** für Gott „EL". Gemeint waren Götter der Familien/Stämme. Sie taucht auch in der Bibel auf. Das in der Bibel am häufigsten verwendete Wort „JHWH" (Jahwe, Ex 3,14) wird im Judentum nicht ausgesprochen, sondern durch die Umschreibung „Adonai" (Herr) ersetzt. Die Bedeutung des Wortes Jahwe ist nicht völlig geklärt. Häufig wird es mit „Ich bin der Ich-bin" übersetzt.

- Gott ist der **Schöpfer der Welt**. Ihre Pracht und Vollkommenheit spiegelt die Größe Gottes wider (Weis 13, 1–9 und Gen 1,1–2,24). Die Welt ist nicht das Ergebnis des Kampfes unter Göttern wie in der Vorstellungswelt Babylons (Enuma Elisch). Gott schuf die Welt ohne die Mitwirkung eines zweiten Prinzips, wie es in dualistischen Modellen (Gut und Böse) vorgestellt wird. Gott handelt allmächtig und gütig und möchte die Welt in einen heilvollen Zustand versetzen: „Gott sah, dass es gut war." (Gen 1,10–12) → S. 87.

- In der Berufung Noahs, Abrahams, Moses, Davids und der Propheten erscheint **Gott als Vertragspartner**, der einen Bund schließt, Hilfe verspricht und als Gegenleistung Verehrung und Treue seines auserwählten Volkes erwartet. Gott lässt diejenigen, die ihm vertrauen, nicht im Stich: das Zeichen des Regenbogens für Noah als Versprechen, die Menschheit zu schützen und sie nicht zu vernichten (Gen 9,1–17). Der Bund mit Abraham (Gen 17,7), ihm viele Nachkommen zu schenken, wird in der Beschneidung symbolisiert. Der Bundesschluss am Sinai (Ex 19,5–8) mit Mose zeigt sich in der Übergabe der Zehn Gebote.

- Gott erscheint als der **Befreier** aus der Knechtschaft in Ägypten (Ex. 3,7 f.; Dtn 5,6) und führt Mose und das Volk durchs Meer.

- Die soziale und religiöse Ordnung wird mit der **Autorität Gottes** begründet (Ex, Dtn). Gott schützt die Fremden und Benachteiligten, straft aber auch rigoros, wenn gegen seine Gesetze verstoßen wird, etwa beim Sabbat/Familienrecht. Vom Zorn Gottes ist die Rede, wenn sein Volk von der Verehrung Jahwes abgefallen ist.

- **Gott ist personal** und kann mit den Menschen in Beziehung treten. Er offenbart sich in der Geschichte und man kann mit ihm sprechen. Er ist nicht Teil der Natur (Pantheismus → S. 42), sondern kann in die Schöpfung eingreifen.
- Gott wird im Alten Testament auf sehr **vielfältige Weise** beschrieben, 1 Kön 19,11 f.: „Ein starker, heftiger Sturm, der die Berge zerriss und die Felsen zerbrach, ging dem Herrn voraus. Doch der Herr war nicht im Sturm. Nach dem Sturm kam ein Erdbeben. Doch der Herr war nicht im Erdbeben. Nach dem Beben kam ein Feuer. Doch der Herr war nicht im Feuer. Nach dem Feuer kam ein sanftes, leises Säuseln." Der babylonische Gott Baal wird mit diesen Naturkräften in Verbindung gebracht. Jahwe ist anders als der Gott Baal, was Elija in dieser Erzählung erfährt.
- Gott hat auch **weibliche Seiten**. Gott erscheint hier als barmherzig, liebevoll, fürsorglich, gnädig.
  - In der Zeit des jüdischen Polytheismus wurden weibliche und männliche Gottheiten verehrt.
  - Im alten Orient war Jahwe männlich und patriarchal. Die Göttin Aschera wurde in Jerusalem neben Jahwe vermutlich als seine Frau verehrt, bis zur Kultreform des Königs Joschija († 609 v. Chr.).
  - Gott „brütete" die Schöpfung aus wie ein Vogel: „Die Erde war wüst und wirr und Finsternis lag über der Urflut und Gottes Geist brütete über dem Wasser." (Gen 1,2)
  - Gott erschuf den Menschen als Mann und Frau. Erst beide Geschlechter machen das vollständige Bild Gottes aus: „Gott erschuf den Menschen als sein Bild, als Bild Gottes erschuf er ihn. Männlich und weiblich erschuf er sie." (Gen 1,27)
  - Um 100 v. Chr. löste die personifizierte Weisheit (griech. „sophia") die Gottheit Aschera ab und übernahm die Funktion einer Mitschöpferin (Spr 8,27–31).
  - Jahwe wird auch in weiblichen Bildern beschrieben, als Mutter (Jes 66,13), gebärende Frau (Jes 42,14) und Hebamme (Jes 66,9).

Das Bilderverbot

- Im Judentum hat sich ein strenges Bilderverbot entwickelt (Ex 20,1–6).
- Die christliche Praxis ging weg von einem strengen Bilderverbot hin zu der Erlaubnis bildlicher Darstellung:
  - Der **byzantinische Bilderstreit** spaltete die Christen in Ikonoklasten = Bilderzerstörer und Ikonodulen = Ikonenverehrer, unter dem Einfluss des Islams, der Darstellungen Gottes ausdrücklich verbietet.
  - Eine Ikone betone die Menschlichkeit Christi zu stark, Gott sei unverfügbar, so die Ikonoklasten. Die Ikonodulen argumentierten, dass der Geist Gottes das Bild durchdringe.
  - Kaiser Leo III (* um 680; † 741) gab dem Kreuz gegenüber Bildern den Vorzug. Er ließ religiöse Bildnisse ab 725 zerstören und bestrafte die Bilderverehrer. Auch seine Nachfolger Konstantin V (* 718; † 775) und Kaiser Leo IV (* um 749; † 780) lehnten bildliche Darstellungen des Göttlichen ab.
  - Seine Frau Irene (* 752; † 803) gehörte zu den Ikonodulen. Sie berief das Zweite Konzil von Nicäa (787) ein. Danach wurde die Ikonenverehrung erlaubt, jedoch durften die Bilder nicht angebetet werden. In Jesus hat Gott eine konkrete Gestalt angenommen, daher ist eine Darstellung erlaubt, so die Begründung.
  - Nach einer zweiten Phase des Bilderstreits 815 unter Kaiser Leo V. (* um 775; † 820) wurde unter Kaiserin Theodora II. (* um 805/807; † 867) die Ikonenverehrung 843 wieder erlaubt. Das Dekret von 843 wird in der Orthodoxie jährlich gefeiert.
- **Martin Luther** (* 1483; † 1546) erlaubte Bilder, wenn sie mit der protestantischen Lehre vereinbar sind. Reformatorische Kirchen calvinistischer Prägung haben auch heute noch keinen Raumschmuck und Kreuze ohne Corpus.

Die Entwicklung des Monotheismus im Judentum

- Etwa im 11 Jh. v. Chr. wurden unterschiedliche männliche und weibliche Gottheiten in Israel verehrt (**Polytheismus**).
- Ein Stammesgott namens Jahwe gewann in der Richterzeit zwischen 1200 und 1000 v. Chr. an Bedeutung und in Israel konzentrierte man sich auf wenige Gottheiten an zentralen Heiligtümern. Gott ist der König, menschliche Könige sind unnötig.
- In der Königszeit (1000–587/6) entwickelte sich die Überzeugung, dass Jahwe das Volk Israel auserwählt hat und dessen Wohlbefinden und Autonomie schützt. Die Propheten und Priester ermahnten das Volk, den Bund einzuhalten und nur Jahwe zu verehren (**Monolatrie** = Verehrung nur eines Gottes), um nicht mit Fremdherrschaft und Exil bestraft zu werden: Ex 20,3: „Du sollst keine anderen Götter neben mir haben." und Dtn 6,4: „Höre Israel! Jahwe unser Gott ist einzig." Der Anlass für die Abkehr vom Polytheismus war die Exilerfahrung, die man als Strafe für die Verehrung anderer Götter (Dtn 28) deutete.
- Das Babylonische Exil (587/6–538 v. Chr.) festigte den Monotheismus (= Glaube an die Existenz nur eines Gottes). Israel glaubte zunehmend, dass nur Jahwe als Gott existiert und die Menschen mit dem Exil bestraft hat, weil sie andere Götter verehrten.
- Wie der jüdische **Monotheismus** zu bewerten ist, wird unterschiedlich diskutiert. Einerseits wird das Gottesbild einheitlicher, frei von Mythen und vermenschlichenden Eigenschaften übermittelt, andererseits wird dem Judentum Intoleranz und Entzauberung der Welt vorgeworfen sowie eine Einschränkung der Gottesvorstellungen. Die Bilderreligion wird zunehmend von der Wortreligion abgelöst; den Menschen wird verboten, sich ein Bild von Jahwe zu machen (Gen 20,4). Gott ist verborgen und unbegreiflich, nicht verfügbar. Er ist nicht identisch mit der Welt (Pantheismus), sondern transzendiert Raum und Zeit.

Neutestamentliche Gottesbilder

- Jesus war Jude, wurde jüdisch erzogen und kannte die jüdischen Gottesvorstellungen. Das Besondere seiner Rede von Gott ist nur auf dieser Grundlage verständlich. Auch wenn Jesus eigene Akzente setzt, wenn er von Gott spricht, bleibt er Jude (→ S. 96 ff.).

- Die Grundbotschaft Jesu ist **das Kommen der Gottesherrschaft** (Mk 1,14 f.) → S. 104. Diese Vorstellung braucht starke Gottesbilder: Gott ist König, Herrscher, Besitzer, Richter. Um der Gerechtigkeit willen braucht er Macht; Gott ist der Grund aller Hoffnung, Garant endgültiger Gerechtigkeit für alle. In den **Gleichnissen** (→ S. 105) wird Gott in vielen **verschiedenen Bildern** gezeigt.

- **Gott ist wie ein Vater**: Diese Bezeichnung Gottes geht zurück auf den historischen Jesus, der Gott mit dem aramäischen Wort „Abba" (= Papa) anspricht (Mk 14,36).
  - Die Bezeichnung „mein Vater" verweist auf die Vaterschaft Gottes gegenüber Jesus, „euer" und „unser Vater" auf die Vaterschaft Gottes gegenüber den Glaubenden. Die „Vater"-Bezeichnung steht für die Treue und Liebe Gottes, wird jedoch auch mit dem Aspekt der Herrschaft verbunden.
  - Die Barmherzigkeit und Liebe Gottes zu betonen, bedeutete eine Veränderung des Gottesbildes. Im Gleichnis vom verlorenen Sohn (Lk 15,11–32) wird dies veranschaulicht. Der Vater der beiden Söhne ist nicht Gott (vgl. Lk 15,18), aber Gott ist wie dieser Vater. Diese Vorstellung entstammte der prophetischen Tradition des Judentums, die Jesus besonders hervorhob. Auch bei der Taufe im Jordan wird die Vater-Sohn-Beziehung deutlich, als eine Stimme ihn als „geliebten Sohn" (Mk 9,11) bezeichnete.
  - Jesus lädt seine Jünger ein, zu Gott „Vater" zu sagen und damit dasselbe Wort zu gebrauchen wie er selbst. Liturgisch institutionalisiert wurde die Anrede über das Vaterunser (Mt 6,5–13) und die Taufe „auf den Namen des Vaters, des Sohnes und des Heiligen Geistes" (Mt 28,19).

- Gott ist aber auch wie ein **Hausherr, Sämann, Bauer, Gutsbesitzer** (Mt 13,24–30; Mk 12,1–12; Mt 25,14–30), wie ein **Hirt** (Lk 15,3–6), wie eine **Hausfrau** (Lk 15,8 f.), wie ein **Gastgeber** (Mt 22,1–14). An keiner Stelle geschieht eine einfache Identifikation, an jeder Stelle gibt es eine Analogie.

Frühchristlicher Gottesglaube – die Trinitätslehre entsteht

- Das Neue Testament ist **Zeugnis von Jesus**, dem Christus (→ S. 102). Eben deshalb ist es aber auch ein grundlegendes **Zeugnis von Gott**: so wie ihn Jesus verkündet, so wie er sich durch Jesu Tod und Auferstehung offenbart, so wie er in der Entstehungszeit der Kirche gesehen wird.
- Das Neue Testament setzt das Alte voraus, den Monotheismus (→ S. 46) mit dem Glauben an den einen Schöpfer und Erlöser, der mit Israel einen Bund einging und ihm das Gesetz gab (→ S. 43). Es nimmt das Grundbekenntnis zu dem einen Gott auf; aber es akzentuiert den Monotheismus durch den **Glauben an die Gottessohnschaft Jesu und das Wirken des Heiligen Geistes**.
- Die Vorgaben alttestamentlicher Theologie gewinnen durch die Botschaft und das Leben Jesu eine solche Spannung, dass die Gottesfrage im Neuen Testament neu gestellt und beantwortet wird. Dort ist von **Gott als Vater**, **Jesus als** dem **Sohn Gottes** und dem **Heiligen Geist** die Rede. Doch wie stehen diese miteinander in Beziehung? → S. 49.
- Die Klärung dieser zentralen Fragen nach dem Wesen Gottes erfolgte durch die sogenannte **Trinitätslehre**. Das Bild der „Dreifaltigkeit" versucht, das scheinbar Unmögliche auszudrücken, nämlich dass Gott gleichzeitig drei und einer ist, dass in Gott Beziehung ist. Gott Vater, Sohn und Geist stehen miteinander im Dialog. Gott ist Schöpfer der Welt, der Herr der Geschichte, der seine Welt und die Menschen liebt wie ein Vater seine Kinder (Vater). Er ist als Jesus Christus Mensch geworden, hat das menschliche Leben geteilt (Sohn) und schließlich offenbart er sich als Heiliger Geist in den Menschen, die im Sinne Jesu leben.
- Was wir heute als Trinitätslehre kennen, hat sich in einem sich über Jahrhunderte hinziehenden Prozess herausgebildet, der sich im dritten Jahrhundert nach Christus zuspitzte. Um einzelne Aspekte wurde heftig gestritten und in Konzilien um Einigkeit gerungen (→ S. 51).

Trinität – drei göttliche Personen, ein Wesen

- **Gott Schöpfer und Vater**
  - Gott ist der Ursprung alles Existierenden, der Schöpfer der Welt. Die Welt ist vielgestaltig und veränderlich, Gott selbst ist unveränderlich und ewig. Da Gott vollkommen und unveränderlich ist, braucht es einen Mittler, der Logos (das Wort Gottes), das laut Johannes Jesus ist.
  - Gott wird von Jesus mit Abba (Papa) angesprochen, er ist für alle Menschen wie ein Vater („Vater unser" → S. 47).

- **Jesus, Gottes Sohn**
  - Nach Ostern, als den Jüngern klar wird, dass Jesus lebt, stellte sich erneut die Frage, in welchem **Verhältnis Jesus zu Gott** steht. Jesus war wirklich tot und begraben und dennoch erfahren ihn die Jünger als den völlig neu Lebendigen, über eine normale, irdische Lebendigkeit hinaus (→ S. 110). Dadurch entwickelte sich der Glaube, dass in diesem Jesus Gott selbst sichtbar geworden ist. Kurz: **Jesus ist die sichtbare Seite Gottes**. Durch Titel wie „Messias" oder „Sohn Gottes", die aus dem Alten Testament bekannt sind und die neu interpretiert auf Jesus übertragen werden, wird sein enges Verhältnis zu Gott für die Menschen verstehbar (→ S. 100 f.).
  - Eine besondere Rolle spielt der Titel **„Sohn Gottes"** für Jesus. Die enge Verbindung Jesu zu Gott wird von Gott bestätigt in der Taufe („Und eine Stimme aus dem Himmel sprach: Du bist mein geliebter Sohn, an dir habe ich Wohlgefallen gefunden", Mk 1,9–11) und in der Auferstehung (Apg 2,24 u.a.). Jesus ist ein Mensch, der mit seiner Botschaft und seinem Handeln eine unfassbare Nähe zu Gott zeigt (→ S. 100 f.).
  - Das Nahverhältnis von Gott und Jesus kommt besonders zum Ausdruck im Prolog des Johannesevangeliums, wo Christus als **Logos** (griech. Wort Gottes) bezeichnet wird, das schon vor der Schöpfung existierte (Joh 1,1–18). Demnach war Jesus schon vor der Schöpfung in Gott. Er ist Mensch geworden, um den Menschen zuverlässige Kunde von Gott zu bringen und sie zur Umkehr und Ausrichtung auf Gott zu bewegen.

- **Der Geist Gottes**
  - Der Geist wird hebr. „ruach“ oder griech. „pneuma“ bezeichnet. Das lateinische Wort ist „spiritus“ = Wind, Sturm, Luft, Atem.
  - Im **Alten Testament** ist der Geist an der Schöpfung beteiligt, er war von Anfang an da: "Gottes Geist schwebte über dem Wasser.“ (Gen 1,2). Er gab den Propheten den Auftrag, zu handeln (2 Kön 2,9) und im Namen Jahwes zu sprechen. Er ruhte auf den Königen Israels (1 Sam 10,6).
  - **Neues Testament**: Die alttestamentliche Rede vom Geist Gottes wird selbstverständlich vorausgesetzt und weitergeführt. Schon bei der Empfängnis Jesu ist der Geist die wirkende Kraft Gottes (Lk 1,35; Apg 1,8).
  - In der Taufe Jesu kam der Geist Gottes „wie eine Taube auf ihn herab“ (Mk 1,10) und Jesus fing an, öffentlich zu wirken. Der Geist bewirkt Gottes Willen im Menschen, er führt in die Wahrheit (Joh 16,13; 20,22).
  - Diesen Geist spüren die Gläubigen in sich und sind sicher, dass es der Geist Gottes und Jesu ist, der ihnen Kraft und Zuversicht gibt und sie gemäß seiner Botschaft leben lässt (Joh 16,13–15).
  - Im Pfingstereignis (Apg 2,1–13) gab der Geist den Jüngern den Mut, ihre Überzeugung weiterzugeben. Sie verkündeten der ganzen Welt die Botschaft von Jesu Auferstehung. Der Heilige Geist zeigte sich in Feuer und Sturm und ließ die Apostel „in fremden Sprachen […] reden.“ (Apg 2,4) Das Leben der ersten Christen wurde vom Heiligen Geist begleitet. Er sicherte die dauerhafte Verkündigung der Botschaft Jesu Christi.
  - Der Heilige Geist ist der Anfang der Kirche und ihre Hilfe in der Geschichte. Der Auferstandene sagte zu den Jüngern: „Darum geht und macht alle Völker zu meinen Jüngern; tauft sie auf den Namen des Vaters und des Sohnes und des Heiligen Geistes.“ (Mt 28,19) Der Heilige Geist vereint die Menschen in der Gemeinschaft aller Christen.

Trinitätslehre – der historische Entwicklungsprozess

- Der Versuch, das Wesen der drei göttlichen Personen und ihr Verhältnis zu klären, führte zu Beginn zu **verschiedenen** Lehren:
  - Doketismus: Jesus ist Gott, der scheinbar (griech. „dokei" = scheinen) Mensch geworden ist.
  - Adoptianismus: Jesus wurde als Mensch von Gott adoptiert durch den Heiligen Geist.
  - Modalismus: Jesus und der Heilige Geist sind Erscheinungsweisen (lat. „modi") Gottes.
  - Subordinatianismus: Sohn und Geist sind abgestufte, dem Vater untergeordnete Größen und Geschöpfe (so vertreten von Arius, etwa 260–336).
- Das Christentum musste sich zu Beginn mit der Philosophie des **Neuplatonismus** (→ S. 42) auseinandersetzen. Demnach soll die gesamte Wirklichkeit vom Göttlichen durchdrungen sein. Die christlichen Theologen versuchten, christliches Gedankengut mit der zeitgenössischen Philosophie in Einklang zu bringen. In dieser Auseinandersetzung entwickelte sich die **Lehre von der Dreifaltigkeit (Trinität)**.
  Dies verlief jedoch nicht ohne Konflikte, Konzilien sollten Klarheit in den zentralen Streitpunkten bringen.
- Die **Konzilien** von **Nicäa** (325), **Konstantinopel** (381) und **Chalzedon** (451) definierten den Gottesbegriff und formulierten das Glaubensbekenntnis von Nicäa und Konstantinopel:
  - Gott zeigt sich in drei wesensgleichen (griech. „homoousios") Personen, die in einer dynamischen Beziehung zueinander stehen (→ S. 49).
  - Jesus (→ S. 49) ist nicht nur Geschöpf oder ein von Gott besonders begnadeter Mensch, er ist nicht nur Gott ähnlich, sondern seinem Wesen nach Gott: „wahrer Gott vom wahren Gott, gezeugt, nicht geschaffen, eines Wesens mit dem Vater" (zwei Naturen → S. 130). Diese Aussagen wenden sich gegen Arius, der Jesus als Geschöpf Gottes bezeichnet hatte. Nur Gott kann die Menschen erlösen, nur ein Mensch kann wahrhaft den Kreuzestod sterben.
  - Auch der Heilige Geist (→ S. 50) ist kein Geschöpf, auch er ist Gott, der als göttliche Person Stärke verleiht, Heiligung schenkt und Gemeinschaft ermöglicht („Herr und Lebensspender, der vom Vater ausgeht. Er wird mit dem Vater und dem Sohn zugleich angebetet und verherrlicht.")

Die Trinitätslehre als christliche Besonderheit – die Positionen des Judentums und des Islams

- Die christliche Vorstellung von Gott als Vater, Sohn und Geist (Trinitätslehre) lehnen das Judentum und der Islam ab.
- **Judentum**:
  - Juden glauben an einen persönlichen Gott.
  - Es herrscht ein strenges Bilderverbot (Ex 20,4–5 → S. 45).
  - Jesus ist nicht der Sohn Gottes, sondern ein Mensch. Ultraorthodoxe Juden sehen in Jesus einen Abtrünnigen. Von anderen wird Jesus als Rabbi, Weiser oder als Prophet anerkannt. Er ist nicht der von den Propheten verheißene Messias.
  - Der Glaube verwirklicht sich im Handeln – weniger im Glauben an alle Inhalte des Glaubens. Gerechtigkeit und Frieden sind die ethischen Konsequenzen des Glaubens.
- **Islam**:
  - Gott ist Schöpfer der Welt und im Alltag präsent.
  - Es herrscht ein strenges Bilderverbot (→ S. 45).
  - Jesus ist nicht Sohn Gottes, sondern Sohn der Frau Maria. Er ist ein Gesandter wie Abraham und Mohammed. Der Mensch ist nicht erlösungsbedürftig und hat keine Erbsünde. Die Kreuzigung Jesu hat keine Bedeutung für den Glauben. Jesus ist auch nicht am Kreuz gestorben, da Gott seine Propheten schützt. Jesus wurde in den Himmel erhoben und wird als Weltenrichter erscheinen. Er wird in seinem Gericht die wahre Religion, den Islam, verbreiten.
  - Mohammed ist der letzte und unüberbietbare Prophet Allahs.
  - Für Muslime ist der Koran die unüberbietbare Autorität, nicht Mohammed oder Jesus Christus.
  - Heil wird durch das Befolgen der Gebote Allahs erlangt = fünf Säulen des Islams: Gebet, Fasten, Pilgerfahrt, Glaubensbekenntnis, Almosen (→ S. 39).

Gottesvorstellungen im Hinduismus und Buddhismus

- Im **Hinduismus** (→ S. 38, 172) gibt es keinen persönlichen Gott, ihm liegt ein kosmisches, pantheistisches Prinzip zugrunde. Alle Hindus glauben an eine ewige Allseele (Brahman).
  - Es gibt verschiedene religiöse Strömungen und Traditionen mit über 300 Millionen Gottheiten.
  - Die Hauptgötter Brahma (Schöpfer), Vishnu (Erhalter) und Shiva (Zerstörer) verkörpern das Prinzip des Werdens und Vergehens.
  - Die Welt wurde nicht einmalig geschaffen, sondern Werden und Vergehen verlaufen zyklisch (Samsara).
  - Erlösung muss von jedem Menschen selbst geleistet werden, indem er durch gutes Verhalten dem Kreislauf der Wiedergeburten entkommt.
  - Atman (die Seele) wird dann Teil des Brahman.
  - Für Mohandas „Mahatma" Gandhi (* 1869; † 1948) ist Jesus ein großer Lehrer und Prophet. Seine Lehre und Opferbereitschaft sind für Gandhi vorbildlich. Die Bergpredigt ist für ihn die wichtigste christliche Botschaft. Jesus ist aber nicht Sohn Gottes, sondern ein Vorbild.
- **Buddhisten** (→ S. 37, 172) verhalten sich eher agnostisch bezüglich der Aussagen zu der Existenz Gottes und des Weiterlebens der Seele.
  - Buddha weist den Weg, wie man dem Kreislauf der Wiedergeburten (Samsara) entkommt.
  - Das Ziel der Buddhisten ist es, ins Nirwana einzugehen.
  - Wer frei ist von Wünschen, muss nicht mehr wiedergeboren werden.

Gottesbilder der Mystik

- Der Theologe Karl Rahner sagte, dass der „Christ der Zukunft ein Mystiker sei oder nicht mehr sei". Er meinte damit, dass die unmittelbare Gotteserfahrung zum Christsein dazugehöre.
- Nach der Vorstellung der Kirchenväter, z. B. Augustinus (* 354; † 430), wohnt Gott im Menschen. Im Mittelalter ist der berühmteste Mystiker Meister Eckhart (* um 1260; † 1328), aber auch Frauen spielen eine große Rolle wie Hildegard von Bingen (* 1098; † 1179) oder Teresa von Avila
(* 1515 † 1582 → S. 134). Spirituell waren für Eckhart Mann und Frau gleichwertig.
- Der Begriff „Mystik" lässt sich zurückführen auf die griechischen Verben „myein" = sich schließen (von Lippen, Augen, Wunden), aufhören, sich beruhigen, ruhen und „myeín" = in die Mysterien oder Geheimlehren einweihen.
- Die Mystik spricht vor allem das Gefühl an. Der Rückzug in die Stille ist ein Weg zu Gott, aber auch das vernunftgeleitete Bibelstudium.
- Die mystische Erfahrung besteht darin, das **Einswerden mit Gott** („**unio mystica**") zu erfahren.
  - Dazu ist es nötig, sich von Begierden frei zu machen, sich Gott hinzugeben, Verluste loszulassen, aber auch das, was man besitzt (Askese). Mithilfe der Kontemplation (Versenkung) kann ein Mensch zur „unio mystica" gelangen.
  - Nach Johannes Tauler (* 1300; † 1361) soll der Mensch seine eigene Nichtigkeit erkennen, dann kann er eins mit Gott werden.
  - Die Gelassenheit, das Loslassen seiner selbst (des eigenen Willens, eigener Interessen und eigener Wünsche) ist ein weiterer Schritt hin zur „unio mystica". Laut Meister Eckhart soll sich der Mensch ganz loslassen, dann gebiert Gott sich selbst im Menschen. Die Seele des Menschen verschmilzt mit Gott. Die Menschen sind in Gott als ihrem Schöpfer, aber auch Gott ist in den Geschöpfen, der Mensch ist das „fleischgewordene Wort Gottes".

Die Entwicklung von Gottesvorstellungen in der eigenen Biografie

- Gemäß dem Psychologen **Lawrence Kohlberg** (* 1927; † 1987) durchläuft ein Mensch sechs moralische Entwicklungsstufen, die mit Veränderungen der kognitiven Fähigkeiten einhergehen, sodass je nach Stufe moralische Dilemma-Geschichten unterschiedlich gelöst werden. Dilemma-Geschichten beinhalten einen Konflikt, dessen Bewertung von den individuellen Werten abhängt.

- Der Theologe **James W. Fowler** (* 1940; † 2015) arbeitete zur Entwicklung seiner Theorie mit qualitativen Leitfadeninterviews. Die Befragten sollten ihr Leben in Abschnitte gliedern. Dann ging es um Erfahrungen, Verluste, Krisen, Leiden, Freuden. Anschließend fragte er nach Glaubensinhalten, Werten und Handlungen.

- **Paul Gmünder** (* 1951) und **Fritz Oser** (* 1937) haben die entwicklungspsychologischen Veränderungen des Gottesbildes untersucht. Mithilfe des kognitiv-strukturellen Stufenmodells J. Piagets (* 1896; † 1980) und Kohlbergs Theorie entwickelten sie ein Stufenmodell für den religiösen Bereich, wobei nicht jede Stufe von jedem Menschen erreicht wird.
  - Stufe 1: Gott als „deus ex machina". Gott erwartet etwas von den Menschen und er greift in die Welt ein. Der Mensch muss nach Gottes Willen handeln, sonst straft Gott den Menschen.
  - Stufe 2: Gott als Handelspartner (lat. „do ut des" = ich gebe, damit du gibst): Gott ist allmächtig, er kann belohnen und bestrafen. Man kann ihn aber durch Beten und Opfer beeinflussen.
  - Stufe 3: Gott als Schöpfer, der nicht weiter eingreift (Deismus). Der Mensch ist autonom, Gott greift nicht ein, auch wenn er existieren sollte. Der Mensch ist nicht göttlichen Mächten ausgeliefert, sondern lenkt sein Leben selbst. Daraus kann sich auch eine Verneinung Gottes (Atheismus) entwickeln.
  - Stufe 4: Gott erscheint zeichenhaft in Natur, Kultur und Freundschaft. Der Mensch ist Teil des göttlichen Heilsplans, aber frei in seinen Handlungen und Entscheidungen.
  - Stufe 5: Gott als subjektive Erfahrung: Der Mensch ist autonom und selbstverantwortlich. Der Mensch erfährt sich als angenommen. Ein göttlicher Heilsplan oder eine kirchliche Gemeinschaft werden nicht benötigt.

Der Glaube an Gott braucht eine Entscheidung

- Glaube kann nicht empirisch begründet und die Existenz Gottes kann nicht bewiesen werden, aber man kann den Glauben an Gott vernünftig begründen (→ S. 17, 25).
- Im Sinne von Paulus: „Prüft alles und behaltet das Gute!" (1 Thess 5,21) sollte der Glaube den Argumenten der Vernunft standhalten. Als Ebenbild Gottes ist die Vernunft ein Teil des Menschen und es ist natürlich, sich kritisch mit dem Glauben auseinanderzusetzen.
- Die kritische Reflexion des Glaubens verhindert ein Abdriften in eine extremistische Ideologie, die auf blindes Vertrauen setzt (→ S. 25).
- Für den Glauben an Gott muss man sich entscheiden. Eine auf Vernunft gründende Entscheidung für den Glauben kann auf den sogenannten Gottesbeweisen (→ S. 71 ff.) als Instrument zur Gotteserkenntnis fußen. Vertrauen ist aber dennoch für die Glaubensentscheidung notwendig.
- Die Entscheidung für den Glauben an Gott eröffnet die Möglichkeit, Sinn im Leben und Geborgenheit in der Welt, trotz der Endlichkeit allen Seins, zu erfahren.
- Im Sinne des Theologen Paul Tillich (* 1886; † 1965) begegnet man Gott, indem man dem eigenen Leben Tiefe gibt und sich nicht in Narzissmus, Konsum und Angepasstheit verliert.
- In der Nachfolge Jesu verwirklicht sich der Glaube dadurch, dass den Armen und Unterdrückten ihre Würde und ihre Stimme gegeben wird – nach dem Vorbild Jesu, der sich für Benachteiligte eingesetzt hat, oder auch nach dem Vorbild des alttestamentlichen Befreiungshandelns durch Jahwe (Exodus, Babylonisches Exil, Propheten).
- Gott kann als Chiffre gesehen werden für die Unverfügbarkeit und Schicksalshaftigkeit des Lebens sowie für dessen Unbegreiflichkeit.

Die Theodizee-Frage in der Philosophie

- Der Begriff „Theodizee" ist griechischen Ursprungs und besteht aus den Wörtern „theós" (Gott) und „diké" (Gerechtigkeit). Es geht um die Frage nach dem Gottesbild angesichts des Leidens einzelner Menschen und der Menschheit. Damit verknüpft ist die Frage nach dem Sinn des Leidens und dem Ursprung des Bösen.
- Folgende Widersprüche ergeben sich aus der Annahme eines gütigen und allmächtigen Gottes. Sie werden dem Philosophen **Epikur** (* um 341 v. Chr.; um † 270 v. Chr.) zugeschrieben:
  - Wenn Gott das Leid nicht beseitigen kann, so ist er nicht allmächtig.
  - Wenn Gott das Leid nicht beseitigen will, dann ist er nicht gütig.
  - Wenn Gott das Leid nicht beseitigen will und kann, dann ist er nicht Gott.
  - Wenn Gott das Leid beseitigen will und kann, woher kommt dann das Leid und warum beseitigt er es nicht?
- Gottfried Wilhelm **Leibniz** (* 1646; † 1716): Gott hat die beste aller möglichen Welten geschaffen („Essai de Théodicée").
  - Gott hat eine harmonische Welt geschaffen, die dynamisch ist. Sie besteht aus einer größtmöglichen Ordnung und maximalen Vielfalt. Leid entsteht aus:
  - der Metaphysik: Die Endlichkeit der Welt bedingt das Leid. Die Welt ist unvollkommen, weil Gott allein vollkommen ist;
  - der Physik: Krankheit und Verlust führen zu Leid. Hier zeigt sich die Unvollkommenheit der Welt;
  - der Moral: Der Mensch als Sünder wird von Leid geprüft. Das Wesen des Menschen besteht darin, frei zu handeln.
  - Dualismus: Aus den Grundkräften des Guten und des Bösen entsteht die Widersprüchlichkeit. Die menschliche Freiheit bedingt die Möglichkeit der Wahl des Bösen.
  - Monismus: Das Übel in der Welt entsteht aus einem Mangel an Gutem. Das Böse wird nach und nach weniger, weil aus dem Unglück positive Kräfte erwachsen (Dialektik).

Die Theodizee-Frage in der Bibel

- **Das Buch Ijob:**
  - Es gehört zur Gattung der Weisheitsliteratur, den jüngsten Büchern des Alten Testaments. Ijob verliert sein Vermögen, seine Familie und seine Gesundheit, obwohl er fromm lebt.
  - Die Rahmenhandlung (Ijob 1,1–2,10 und 42,7–17) erklärt, warum Ijob so geprüft wird. Der Satan wettet mit Gott, dass selbst ein Mensch wie Ijob, der fromm und gerecht lebt, vom Glauben abfallen kann, wenn dieser durch Krankheit und Leid geprüft wird.
  - Das Gespräch Ijobs mit den Freunden (3–13) führt zu der Erklärung des klassischen Tun-Ergehens-Zusammenhangs, nach dem Gott das Verhalten der Menschen belohnt oder bestraft.
  - Vom Geist Gottes gedrängt, argumentiert Elihu (32–37) gegen die Vergeltungstheorie und versucht, Ijob zu neuem Vertrauen in Gottes Gerechtigkeit zu motivieren.
  - In den Gottesreden (38–41) nimmt Gott selbst das Gespräch mit Ijob auf. In Demut nimmt Ijob das Leid an und überwindet es. In der Beziehung zu Gott führen Ehrfurcht und Vertrauen zu Hoffnung, Kraft und Trost. Zuvor hat Ijob Gott angeklagt, sich bedauert und jegliche Hoffnung verloren. Der Glaube und das Gebet helfen ihm, den Schmerz zu überwinden.
  - Die Lehren aus dem Buch Ijob: Gotteserkenntnis ergibt sich aus der Beziehung zu Gott. Leid ist keine Strafe Gottes, keine Erziehung, keine Prüfung. Gott ist für den Menschen unbegreiflich.

- In **Jesus Christus** zeigt sich Gott solidarisch mit den Menschen.
  - Er stirbt den Tod am Kreuz und erlebt sich als von Gott verlassen: „Mein Gott, mein Gott, warum hast du mich verlassen?" (Mk 15,34)
  - Paulus spricht von der „Torheit" der Botschaft vom Kreuz (1 Kor 1,18), da nach der Vorstellung antiker Menschen die Götter nicht von den Menschen getötet werden können.
  - In Jesus stirbt der menschgewordene Gott und überwindet in der Auferstehung Leid und Tod.
  - Nachfolge Christi bedeutet, auf Gott zu vertrauen, das Leid anzunehmen und auf die Erlösung in Christus zu hoffen.

Erscheinungsformen des Atheismus

- Statt sich Vorstellungen von Gott zu machen, gibt es auch die Möglichkeit, die Existenz Gottes zu verneinen. Dies nennt man Atheismus (griech. „átheos“ = ohne Gott). Unterschieden wird:
- **Praktischer Atheismus**:
  - Der Glaube hat für den Lebensalltag keine Bedeutung. Die Vertreter dieser Richtung sind häufig getauft und nehmen mehr oder weniger an den kirchlichen Festen teil.
  - Die Existenz Gottes wird nicht diskutiert oder in Frage gestellt. Viele verhalten sich indifferent (unentschieden) zu Glaubensfragen, da Religion in vielen Teilen der Gesellschaft keine Rolle spielt.
  - Zunehmend gibt es Heranwachsende, denen das religiöse Wissen fehlt und die christliche Riten und Ausdrucksformen nicht kennen.
- **Theoretischer Atheismus**:
  - Schon bei Aristoteles (* 384 v. Chr.; † 322 v. Chr.) findet sich der fehlende Glaube an eine Schöpfung und der Unsterblichkeit der Seele.
  - Er wurzelt darüber hinaus in der Philosophie der Aufklärung, welche die Vernunft zur wesentlichen Instanz der Erkenntnis erklärt. Der Mensch soll sich aus der Abhängigkeit von Autoritäten (Staat/Kirche) befreien und sein Leben selbst bestimmen.
  - Die Ablehnung der Existenz Gottes erfolgt bewusst und soll häufig durch eine lebensfreundlichere bzw. humanere Haltung ersetzt werden.
- **Methodischer Atheismus**:
  - Die empirischen Wissenschaften beschränken sich darauf, was sie aufgrund ihrer Methoden und Untersuchungsbereiche erkennen und überprüfen können.
  - Gott ist keine Größe, die man wissenschaftlich belegen kann und wird daher aus dem Denken ausgeklammert, ohne die Existenz als solches zu diskutieren.

Religionskritik in der Antike

- **Xenophanes** (* um 570 v. Chr.; † um 470 v. Chr.) kritisierte, dass die Götter nach menschlichen Vorstellungen beschrieben werden.
  - Die Äthiopier beispielsweise stellten die Götter als stumpfnasig und schwarz dar.
  - Er kritisierte auch die vermenschlichende Darstellung der Götter bei Homer und Hesiod, den griechischen Mythenschreibern der Antike.
- **Kritias** (* um 460 v. Chr.; † 403 v. Chr.): Die Menschen haben die Religion erfunden, um einen funktionierenden Staat zu schaffen.
- **Epikur** (* um 341 v. Chr.; um † 270 v. Chr.):
  - Der Glaube an die Götter belastet die Menschen, die in der Verehrung unsicher sind.
  - Man muss sich nicht vor der Strafe der Götter fürchten, da sie nicht auf das Leben der Menschen Einfluss nehmen.
  - Stattdessen sollen sich die Menschen das glückliche Leben der Götter als Vorbild nehmen.
- Die Christen wurden in den ersten Jahrhunderten als „Atheisten“ bezeichnet.
  - Sie verweigerten die Verehrung des Kaisers als Gott.
  - Gottesbilder durften bei den Christen nicht angefertigt und nicht angebetet werden wegen des Bilderverbots (Ex 20,4–5) → S. 45.
  - Sie verehrten nur einen Gott und galten daher bei den Römern als intolerant.
  - Römische Soldaten mussten einen Treueid gegenüber dem Kaiser ablegen. Dies lehnten die Christen ab.
  - Für die Juden dagegen sind die Christen eine Provokation. Sie lästern Gott, da es nur einen Gott „Jahwe“ geben kann. (→ S. 101)

Ludwig Feuerbach: humanistischer Atheismus

- **Ludwig Feuerbach** (* 1804, † 1872) gilt als erster Vertreter der klassischen Religionskritik der Neuzeit. Er vertrat die **Projektionstheorie**: Der Mensch überträgt seine Ideale (ewig, allmächtig, vollkommen, heilig zu sein) auf einen jenseitigen Gott.
    - Der Menschen erfährt Leid und die eigene Endlichkeit, daher erhofft er die Glückseligkeit im Jenseits. Er sehnt sich danach, an etwas Überzeitlichem und Mächtigem Teil zu haben. Diese Haltung bewirkt eine Entfremdung des Menschen von seinen eigenen guten Eigenschaften.
    - Der Mensch ist kein Abbild Gottes (Gen 1,26), sondern der Mensch schuf Gott nach seinem Bilde.
- **Forderungen Feuerbachs**:
    - Der Mensch muss seine Endlichkeit annehmen. Die Liebe zu Gott muss abgelöst werden von der Liebe zum Menschen und zu sich selbst (Humanismus). Die Theologie muss zur Anthropologie (= Lehre vom Menschen) werden.
    - Der Mensch ist für den Menschen das höchste Wesen („homo homini deus" = Der Mensch soll für den Menschen Gott sein).
    - Er muss sich auf die Verbesserung der Lebensbedingungen konzentrieren statt auf Religion. Gott gehört abgeschafft. Die Materie ist Ursprung und Ziel des Lebens (Materialismus).
- **Kritik an Feuerbachs Thesen**:
    - Die Bibel verbietet, sich ein Bild von Gott zu machen (Ex 20, 4–5). Die biblischen Beschreibungen von Gott sind vielfältig.
    - Jesus fordert zur Nächstenliebe und Hilfe von Benachteiligten auf; Christus am Kreuz nachzufolgen, ist keine Projektion von Wünschen.
    - Die Existenz Gottes wird von Feuerbach nicht widerlegt.
- **Was lehrt Feuerbachs Religionskritik?**
    - Tatsächlich projiziert der Mensch Wünsche etc. auf Gott und erschafft sich Bilder. Wichtig ist, sich dessen bewusst zu sein und offen zu bleiben für unterschiedliche Gottesbilder. Gemäß der Negativen Theologie (→ S. 14) ist Gott nicht fassbar.

Karl Marx: sozial-politischer Atheismus

- Laut Marx (* 1818; † 1883) ist Feuerbachs Religionskritik plausibel. Allerdings kommt es darauf an, die Welt zu verändern. Religion ist die Folge der gesellschaftlichen Verhältnisse, die zur Entfremdung des Menschen von sich selbst führen.
  - Religion entsteht aufgrund des Leids, der Ausbeutung der Menschen, des Kapitalismus und Feudalismus. Die Arbeiter (Proletarier), die nur ihre Arbeitskraft verkaufen können, stehen den Kapitalisten gegenüber, die über Boden und Produktionsmittel verfügen und vom Mehrwert der geleisteten Arbeit profitieren.
  - Die freie Marktwirtschaft schafft das Elend, die Religion ist der Protest gegen diese Ungerechtigkeit. Religion als Form des Protests ist aber unwirksam und schädlich; sie dient den Interessen der Herrschenden (Bourgeoisie): Gott als Herrscher rechtfertigt das hierarchische System der Gesellschaft.
  - Religion ist „Opium des Volkes". Dieses Opium vernebelt die realen Bedingungen, nimmt Schmerzen, vertröstet auf das Jenseits und stabilisiert so die ungerechten Verhältnisse. Es verhindert die notwendige Revolution gegen die Ausbeutung.
- **Forderungen von Marx**:
  - Religion muss abgeschafft werden, weil sie den gesellschaftlichen Fortschritt verhindert. Sie kann nur abgelöst werden durch bessere soziale Verhältnisse.
- **Kritik an Marx Thesen**:
  - Die Sozialkritik der Propheten, die Bergpredigt (→ S. 107) mit der Rede von der neuen Gerechtigkeit und die Verbindung von Gottes- und Nächstenliebe sind Wesensmerkmale des Christentums.
  - Die Existenz Gottes kann nicht dadurch widerlegt werden, dass Religion missbraucht wird als Herrschaftsinstrument.
  - Religion existiert auch bei besseren Lebensbedingungen.
- **Was lehrt Marx Kritik**:
  - Religion kann missbraucht werden, um den Protest gegen bestehende Verhältnisse zu verhindern. Die Reich-Gottes-Botschaft ist jedoch nicht für eine ferne Zukunft gedacht, sondern für das Hier und Jetzt. Zur Religion gehört soziales Engagement.

Friedrich Nietzsche: Kulturkritik

- Nietzsche (* 1844; † 1900) übt eine fundamentale Kritik an der Kultur des Abendlandes. Der jüdisch-christliche Gott bewirkt bei den Menschen Skrupel, Sünde und Schuldbewusstsein und schwächt den instinktiven Lebenstrieb.
    - Die Welt ist nicht geordnet und sinnvoll, sondern Chaos.
    - Weder Dogmen noch wissenschaftliche Erkenntnisse enthalten letztlich eine verbindliche Wahrheit. Moralische Werte wie Gut und Böse sind eine Erfindung der Schwachen, um sich gegenüber den Stärkeren zu behaupten.
    - Sich von Gott zu befreien ermöglicht, sich als Übermensch über die bisherigen Moralvorstellungen von Gut und Böse zu stellen. Religion und Christentum stehen für eine massive Lebensverneinung. Christliche Werte wie Nächstenliebe verhindern die Entfaltung der Kräfte. Der Mensch soll seine Werte selbst schaffen, z. B. Durchsetzungsfähigkeit, Gesundheit, Lebensfreude. So wird er zum Übermenschen, indem er sich seiner Freiheit bewusst ist und seine Macht lebt.
    - Die Menschheit hat sich bereits mit dem wissenschaftlichen Denken vom Glauben an Gott losgesagt („Gott ist tot."), dies ist den meisten Menschen nicht bewusst. Feuerbach ist der Endpunkt dieser Entwicklung (→ S. 61).
    - Der Verlust der traditionellen Bindungen macht den Menschen orientierungslos. Der Mensch ist in einer sinn- und wertfreien Welt (Nihilismus) und muss darin ums Überleben kämpfen. Daher muss eine Umwertung aller Werte stattfinden.
- **Kritik an Nietzsches Thesen**:
    - Nietzsche vertritt ein Gottes- und Menschenbild, das mit christlichen Werten nicht vereinbar ist. Die Lehre vom Übermenschen widerspricht der christlichen Forderung nach Nächstenliebe. Wohin seine Thesen führen können, zeigte sich bei den Nationalsozialisten, die seine Vorstellungen aufgriffen.
- **Was lehrt Nietzsches Kritik**:
    - Der Hinweis, dass sich das Christentum zu sehr in den Fragen der Moral aufhält, ist bedenkenswert. Religion sollte mehr sein als eine moralische Instanz.

Sigmund Freud: Glaube als Wunscherfüllung

- Sigmund Freud (* 1856; † 1939) gilt als Begründer der **Psychoanalyse**. Religionskritik stand nicht im Zentrum seines Interesses.
- Mit dem Mythos von der Urhorde (aus: „Totem und Tabu", 1913) erklärt Freud die Entstehung der Religion: Die Söhne der Urhorde töten den Vater, weil er allein Nachkommen zeugen darf. Die Schuldgefühle führen zu einem generellen Tötungsverbot in den Kulturen. Die gleichzeitige Bewunderung für den ermordeten Vater begründete den Kult um den Vater, um sich nachträglich mit ihm zu versöhnen. Ein Totemtier, das als heilig gilt, wird in Erinnerung an den Mord in einem Totemritual getötet und gegessen. Das christliche Abendmahl entspricht diesem Totemmahl. Die Sühneleistung Jesu erfolgt wegen des Vatermords.
- Die Religion entspringt nach Freud dem Unterbewusstsein (dem Es), Gott und Normen (Über-Ich) entstehen durch Projektion.
  - Erwachsenwerden bedeutet Verlust an Geborgenheit. Religion befriedigt die Sehnsucht nach einem schützenden Vater. Die Gefährdung durch Naturgewalten, Krankheit, Tod etc. erzeugt Unsicherheit; Religion vermittelt eine Scheingeborgenheit und wirkt wie ein Schlafmittel, an das man sich gewöhnt. Der Triebverzicht führt laut Freud nicht zur Erlösung, sondern zu Realitätsverlust. Religiöse Rituale sind eine pathologische Zwangsneurose, da Triebe auf krankhafte Weise (Drohung, Strafe) eingedämmt werden. Vernunft und Wissenschaft sollen einen Humanismus ermöglichen und die Religion ablösen.
  - Wie Marx (ökonomisch) und Feuerbach (philosophisch) ist Freud (positivistisch) Materialist und vertritt eine Projektionstheorie.
- **Kritik an Freuds Thesen**:
  - Die Urhordentheorie steht im Widerspruch zu heutigen ethnologischen Erkenntnissen. Freud thematisiert problematische Gottesbilder, was aber die Existenz Gottes nicht widerlegt.
- **Was lehrt Freuds Kritik**:
  - Die Kritik an pathologischen Formen von Religion ist zu bedenken und fordert die Entwicklung einer erwachsenen Religiosität.
  - Eine Beschränkung Gottes auf das Patriarchat ist falsch, ebenso eine Religion, die keine Verantwortung für die Schöpfung übernimmt (→ S. 159).

Jean-Paul Sartre

- Sartre (* 1905; † 1980) ist Existenzialist. Der Mensch wird nicht gefragt, ob er leben möchte. Seine Aufgabe besteht darin, sich selbst zu erschaffen, sein Leben zu planen und ihm Sinn zu geben: „Die Existenz [das Leben] geht der Essenz [dem Wesen] voraus." (→ S. 36).
  - Der Mensch ist nichts anderes als das, wozu er sich macht. Er ist ein Entwurf, der sich subjektiv auslebt. Dazu gehört auch die Möglichkeit, vor der Verantwortung zu fliehen.
  - Es gibt keine festgelegten Werte, Normen und keinen Sinn. Das Leben ist absurd.
  - Gott existiert nicht, da es so viel Leid auf der Welt gibt. Mit der Vorstellung von einem allmächtigen und gütigen Gott ist dies nicht vereinbar (Theodizee-Frage → S. 57 f.).
  - Der Mensch ist für alles verantwortlich, was er tut. Schuld und Reue sind nicht nötig. „Der Mensch ist verurteilt, frei zu sein. Verurteilt, weil er sich nicht selbst erschaffen hat, andererseits aber dennoch frei, da er, einmal in die Welt geworfen, für alles verantwortlich ist, was er tut."
  - Die Verantwortung des Menschen liegt in der Bestimmung seiner Individualität, aber auch in der Gestaltung der Gesellschaft. Dabei ist er frei wie ein Künstler, der ein neues Werk erschafft.
  - Der Mensch erhält seine Würde und gibt seinem nicht selbst gewählten Leben Sinn, wenn er sein Leben annimmt und sich sozial oder politisch engagiert.
- **Kritik an Sartres Thesen**:
  - Sartre klammert Schuld und Reue aus, für viele Menschen ist die Möglichkeit zur Versöhnung aber eine wichtige Erfahrung.
  - In komplexen Gesellschaften ohne vorgegebene Werte und Normen zu leben, kann den Einzelnen überfordern.
- **Was lehrt Sartre**?
  - Der Mensch ist frei in dem, was er tut. Es bleibt seine Aufgabe, mit ungelösten Fragen wie dem Theodizee-Problem umzugehen.

Moderne Religionskritik: Hans Albert

- Hans Albert (* 1921): „Ich selbst bin Atheist, aber natürlich keineswegs deshalb, weil ich bewiesen hätte, dass es keinen Gott gibt."
  - Albert ist ein Vertreter des kritischen Rationalismus, wonach keine Aussage auf eine sichere Letztbegründung zurückgeführt werden kann. Jede Begründung einer Aussage kann eine weitere Begründung erfordern. Es besteht darüber hinaus die Gefahr des Zirkelschlusses oder man bricht die Begründung einfach willkürlich ab und erklärt die Aussage zum Glaubenssatz/Dogma. Diese drei Einwände werden Münchhausen-Trilemma genannt.
  - So kann nichts als völlig wahr erkannt und mit letzter Gewissheit gewusst werden. Behauptungen müssen immer wieder an der Realität überprüft werden. Man muss nach Lösungen für konkrete Probleme suchen. Auch die Vernunft kann nicht zur letzten Instanz der Erkenntnis erklärt werden.
  - Die Erkenntnisse der Wissenschaften führen letztlich zur Aufhebung der Gültigkeit der Religion. Religion ist keine wissenschaftliche Disziplin.
  - Das Theodizee-Problem können die modernen Wissenschaften nicht lösen.
  - Die historisch-kritische Analyse der Bibel bleibt inkonsequent.
  - Albert setzt sich mit den Positionen des Theologen Hans Küng (* 1928) auseinander. Der Atheismus führt laut Albert nicht zwangsläufig zum Nihilismus, wie Küng (→ S. 158) behauptet. Der Buddhismus beispielsweise sei im Grunde atheistisch, aber eine Weltanschauung mit Moral.
  - Hans Küng beschreibt einen immanenten Gott, der transzendent ist. In Gott werden die Gegensätze aufgehoben. Albert kritisiert, dass diese Aussage logisch nicht erklärt wird. Paradoxe Aussagen bewirken aber keine Klarheit.
  - Zudem betreibt Küng eine Beweislastverschiebung, wenn er behauptet, die Atheisten könnten die Nichtexistenz Gottes ebenso wenig beweisen wie die Gläubigen die Existenz, da die Behauptung einer Existenz immer zuerst zu beweisen ist.

Richard Dawkins

- Dawkins (* 1941) ist ein moderner Atheist, der vom „Gotteswahn“ spricht und die Religionen Judentum, Christentum und Islam ablehnt. Ihr Glaube an Gott sei irrational und beeinflusse die Gesellschaft negativ. Besonders negativ bewertet er fundamentalistische christliche Strömungen wie den Kreationismus (→ S. 26) und die Intelligent-Design-Bewegung (→ S. 26).
- Dawkins ist ein Vertreter des Positivismus (→ S. 68), der glaubt, mit naturwissenschaftlichen Methoden die Nichtexistenz Gottes beweisen zu können. Die Beweislast liege bei den Theisten (Gläubigen), da sie etwas behaupten, das nicht zu beweisen sei. Er zitiert zur Veranschaulichung dieses Gedankens Bertrand Russell (* 1872; † 1970), der davon spricht, dass es prinzipiell denkbar ist, dass eine Teekanne im Weltall kreist, die auch mit den besten Fernrohren nicht zu entdecken ist. Analog dazu geht Dawkins von einer ziemlichen Unwahrscheinlichkeit der Existenz eines Gottes aus und bezeichnet sich daher selbst als Agnostiker (→ S. 69).
- Religion hat laut Dawkins verschiedene Funktionen:
  - Sie hat eine Trostfunktion.
  - Sie stärkt den Gruppenzusammenhalt.
  - Man kann in der Religion Kind bleiben und die Verantwortung für sein Leben abgeben.
  - Die intellektuellen Fähigkeiten des Menschen ermöglichen ihm religiöses Denken, z. B. über seinen Ursprung nachzudenken.
- Die Moral ist ein Produkt der Evolution, sie entwickelt sich fortlaufend.
- Die Bibel wird von den Gläubigen nicht in der Gesamtheit gelesen und geglaubt, sondern selektiv verwendet, um die eigene Position abzusichern. So übernehmen die Gläubigen etwa die Zehn Gebote oder die Bergpredigt, nicht aber die Rechtfertigung von Gewalttaten und Inzest im Alten Testament.

Positivismus

- Metaphysik und Theologie gelten als Dichtung, als Vorstufen der Wissenschaft. Nur das wissenschaftlich Gesicherte darf gelten.
- Nach dem Dreistadiengesetz von Auguste Comte (* 1798; † 1857) hat die Menschheit drei Stadien durchlaufen.
  1. Theologie: Das Denken ist durch mythisch-magische Vorstellungen geprägt.
  2. Metaphysik: Mit abstrakten Kräften (Natur) werden die Phänomene erklärt.
  3. Positivismus: Erkenntnis wird auf die durch Erfahrung beweisbaren Tatschen beschränkt; Regeln sollen analytisch festgelegt werden. Experimente sind die ideale Form, Gesetzmäßigkeiten zu sichern und zu dokumentieren.
- Hippolyte Adolphe Taine (* 1828; † 1893) und Herbert Spencer (* 1820; † 1903) haben den Positivismus in den Geisteswissenschaften eingeführt.
- Ludwig Wittgenstein (* 1889; † 1951) als Vertreter der analytischen Sprachphilosophie ist der Auffassung, dass Sprache die Welt abbildet und man daher nur über die materielle Welt sprechen kann. Metaphysische Begriffe wie „Gott" seien daher sinnlos. „Was sich überhaupt sagen lässt, lässt sich klar sagen, und wovon man nicht reden kann, darüber muss man schweigen." (→ S. 14, 41)
- Kritische Stimmen führen gegen den Positivismus an, dass die Wirklichkeit mit der sinnlich wahrnehmbaren Wirklichkeit gleichgesetzt wird. Über die Dinge an sich außerhalb unserer Wahrnehmung können wir nichts sagen. Auch wird eine Erkenntnismethode verabsolutiert, die gerade in den Geisteswissenschaften mit einer Verarmung der Wirklichkeitswahrnehmung verbunden ist.
- Nach Karl Popper (* 1902; † 1994 → S. 164) gibt es drei Wirklichkeitsebenen: die materielle Welt, die Welt der Wahrnehmung und des Bewusstseins sowie die Welt der geistigen und kulturellen Phänomene in Büchern.

Agnostizismus

- griech: „á-gnosis“ = ohne Wissen, ohne Erkenntnis
- Gemeint ist die philosophische Ansicht, dass religiöse Wahrheiten nicht zu belegen sind und dass Fragen nach einem ewigen Leben, nach der Existenz Gottes oder dem Ursprung des Menschen nicht beantwortet werden können.
- Die Möglichkeit der Existenz eines Gottes oder die Möglichkeit eines Weiterlebens nach dem Tod werden nicht bestritten, ebenso wenig wird bestritten, dass es Gott nicht geben könne oder dass mit dem Tod das Leben beendet ist. Ein Agnostiker würde diese Fragen so beantworten: „Ich weiß es nicht.“
- Protagoras (* um 490 v. Chr.; † um 411 v. Chr.): „Über die Götter allerdings habe ich keine Möglichkeit zu wissen, weder dass sie sind, noch dass sie nicht sind, noch wie sie etwa an Gestalt sind; denn vieles gibt es, was das Wissen hindert: die Nichtwahrnehmbarkeit und dass das Leben des Menschen kurz ist.“
- Eine Stufe weiter geht Rabbi Sherwin Wine (1928–2007). Er ist der Gründer des humanistischen Judentums und setzt sprachkritisch an: „Ich weiß nicht, was du mit dem Wort ‚Gott‘ meinst, und kann daher keine Aussage über dessen Existenz oder Nicht-Existenz machen.“
- Gegensätze zum Agnostizismus bilden der Theismus, der die Existenz Gottes annimmt, und der Atheismus, der diese Existenz bestreitet. Richard Dawkins (* 1941) glaubt, wenn die Existenz Gottes sehr unwahrscheinlich sei, wäre es vernünftig, so zu leben, als gäbe es ihn nicht
(→ S. 67).
- Papst Benedikt XVI. (* 1927) bezeichnet den Agnostizismus als theoretische Position, die der Praxis nicht standhalte (eine Seifenblase), da im Leben immer irgendeine Entscheidung getroffen werden müsse.

Indifferentismus

- Viele Menschen verhalten sich heute gleichgültig (indifferent) gegenüber religiösen Themen, vor allem auch bezüglich der Frage nach Gott. Nicht immer handelt es sich um eine reflektierte Kritik, die zur Ablehnung religiöser Fragestellungen geführt hat. Häufig fehlen Kenntnisse über religiöse Rituale und Sprachformen in der eigenen Religion wie auch in anderen Religionen.

- Die Frage nach Gott und die Frage, ob es ein Weiterleben nach dem Tod gibt, werden aus der alltäglichen Wahrnehmung verdrängt. Ein indifferenter Mensch vermisst Gott nicht.

- Die Menschen sind häufig nur noch mit der Bewältigung des Alltags beschäftigt, die Frage nach dem Sinn wird nur in Grenzsituationen gestellt, d.h. bei einer Erkrankung, einer Verlusterfahrung und beim Sterben.

- Die Wurzel des Indifferentismus ist häufig Atheismus (→ S. 59) oder Agnostizismus, die zu der Annahme führen können, dass alle Religionen letztlich gleich seien. Tatsächlich unterscheiden sich diese oft stark in der Praxis und in der Weltanschauung. Aus christlicher Sicht ist es die Lebensaufgabe des Menschen, nach der Wahrheit zu suchen. Indifferentismus gegenüber religiösen Fragen ist daher nicht christlich.

- Papst Gregor XVI. (* 1765, † 1846) bezeichnete es als Irrtum zu glauben, dass man mit jeder Religion das ewige Seelenheil erlangen könne, wenn man nur gut und sittlich lebt. Diese Haltung wurde zwar durch das Zweite Vatikanum relativiert (→ S. 70), fundamentalistisch orientierte Christen messen den Aussagen Gregors aber immer noch große Bedeutung zu. Die Akzeptanz anderer Religionen und Weltanschauungen oder bereits eine Bereitschaft zum Dialog gelten als Sünde, als gefährlicher Indifferentismus.

- Indifferentismus kann also zum einen Gleichgültigkeit gegenüber religiösen Fragen bedeuten, aber auch als Vorwurf formuliert werden von Extremisten gegenüber Menschen, die sich tolerant gegenüber anderen Religionen und Weltanschauungen verhalten.

Gottesbeweise

- **Ontologische Argumentation** bei **Anselm von Canterbury** (* um 1033; † 1109):
  - Gott ist das Größte und Vollkommenste, was gedacht werden kann.
  - Etwas, das real ist, ist vollkommener als etwas Gedachtes.
  - Gott muss also real existieren.
  - **Kritik**: Existenz ist keine Eigenschaft, die eine gedachte Sache aufwertet. Es handelt sich um einen Zirkelschluss, mit dem jede gedachte vollkommene Sache (der perfekte Mensch) als real bewiesen werden kann. Man nennt so eine Beweiskette apriorisch (lat. „a priori" = von vornherein), wenn das erste Element der Begriff ist, dessen reale Existenz am Ende nachgewiesen werden soll.
- **Noetische Argumentation** (griech. „noesis" = Erkenntnis) nach **Platon** (* um 428; † um 347 v. Chr.), **Augustinus** (* 354; † 430), **Descartes** (* 1596; † 1650), **Leibniz** (* 1646; † 1716):
  - Vorgegebene Gesetze und Prinzipien sind universell gültig, wie das Wahre, Gute, Schöne.
  - Eine ewige und absolute Wirklichkeit ist der Ursprung.
  - Die Fähigkeit des Menschen, das Wahre, Gute und Schöne zu erkennen, ist ein Hinweis auf die Existenz dieses Absoluten.
  - **Kritik**: Ideen und Gedanken müssen keinen transzendenten Ursprung haben, sondern können von Menschen gedacht werden.
- **Historische Argumentation** nach **Aristoteles** (* 384 v. Chr.; † 322 v. Chr.) und **Cicero** (* 106 v. Chr.; † 43 v. Chr.):
  - In allen Kulturen und Erdteilen gibt es zu allen Zeiten religiöse Phänomene. Hochreligionen durchziehen die Geschichte.
  - Religion gehört also zum Menschen in der Welt.
  - Daher muss angenommen werden, dass es eine transzendente Entsprechung für religiöse Vorstellungen gibt.
  - **Kritik**: Die transzendente Wirklichkeit kann nicht zwingend angenommen werden. Die Existenz von Religionen lässt sich auch kulturell und psychologisch erklären.

„Fünf Wege, Gott zu beweisen" nach Thomas von Aquin

- Thomas von Aquin (* um 1225; † 1274): „Fünf Wege zu Gott", aus „Summa Theologica". Aquin argumentiert in drei Schritten: Ober-, Unter-, Schlusssatz = Syllogismus. Dies ist eine plausible, aber letztlich nicht beweisbare Argumentationsweise.
- **Kosmologische Argumentation**: Diese drei Beweise haben den Kosmos und seine Gesetzmäßigkeiten als Ausgangspunkt.

I. Bewegungsbeweis (kinesiologische Argumentation)

1. Manches in der Welt unterliegt der Bewegung.
2. Was in Bewegung ist, wird von einem anderen in Bewegung gesetzt.
3. Folglich muss es eine bewegende Kraft geben, die selbst unbeweglich ist und die allererste Bewegung auslöst, d.h. Gott als unbewegter Beweger.

II. Kausalitätsbeweis (lat. „causa" = Ursache)

1. Um uns herum gibt es Wirkungen, die auf eine Ursache zurückgehen.
2. Keine Wirkung kann ihre eigene Ursache sein.
3. Es gibt eine erste Ursache, die nicht selbst verursacht ist = Gott.

III. Kontingenzbeweis

1. Um uns herum gibt es Dinge, die nicht notwendig da sein müssten: Menschen, Tiere, Pflanzen, Steine. Sie entstehen aus anderen Gegenständen.
2. Eine nicht-notwendige (= kontingente) Sache kann sich nicht selbst die Existenz geben.
3. Es gibt ein erstes Wesen, das die Notwendigkeit seines Seins aus sich heraus hat = Gott.

- **Kritik an der kosmologischen Argumentation**:
- In einer unendlichen Reihe muss es keinen Anfang geben.
- Wenn eine erste Ursache gefordert wird, könnte das auch für Gott gelten.
- Es ist fraglich, ob alles, was existiert, etwas zuvor Existierendes voraussetzt.
- Kontingente Dinge gehen nicht zwingend auf einen transzendenten Anfang zurück.
- Der erste Beweger könnte auch einen noch unbekannten naturwissenschaftlichen Ursprung haben.

IV. Teleologische Argumentation (griech. „telos" = Ziel):

1. Ordnung, Zweck- und Zielgerichtetheit bestimmen das Universum. Teleologie ist die Lehre von dieser Auffassung.
2. Diese Ordnung kann nur von einem Wesen, das mit Wille und Einsicht begabt ist, verursacht sein.
3. Dieses Wesen nennen wir Gott.

- **Kritik an der teleologischen Argumentation:**
- Die Intelligent-Design-Bewegung (→ S. 26) greift diese Argumentation auf. Die Welt sei so komplex, dass ein „intelligenter Designer" sie erschaffen haben muss, nicht die Evolution. Diese Ansicht wird von den christlichen Kirchen mehrheitlich abgelehnt.
- Tatsächlich ist die Welt auch ungeordnet, chaotisch und sinnlos.
- Mutation, Reorganisation und Selektion schaffen im Laufe der Evolution geordnete Strukturen.

V. Der Vollkommenheitsbeweis:

1. Gute Eigenschaften in der Welt (Wahres, Gutes, Schönes) liegen nur in qualitativ abgestufter Form vor.
2. Es gibt das mehr oder weniger Wahre, Gute, Schöne.
3. Der Maßstab dafür ist das absolut Wahre, Gute, Schöne, nämlich Gott.

- **Kritik am Vollkommenheitsbeweis**: Qualitätsunterschiede im Sein unterliegen einer subjektiven Bewertung.

Moderne, rationale Wege, Gott zu beweisen

- **Die Wette auf Gott** nach **Blaise Pascal** (* 1623; † 1662) → S. 17:
  - Er geht nach dem Prinzip der Risikoabschätzung vor und wägt ab, ob sich der Glaube an Gott lohnt.
  - Wer an Gott glaubt, kann das ewige Leben gewinnen, der Ungläubige riskiert, die ewige Seligkeit zu verlieren.
  - **Kritik**: Das Gottesbild Pascals setzt voraus, dass Gott Glauben belohnt und Nicht-Glauben bestraft.

- **Moralischer Gottesbeweis** nach **Immanuel Kant** (* 1724; † 1804):
  - Kant kritisiert die vor ihm formulierten Gottesbeweise. In seiner „Kritik der reinen Vernunft“ von 1781“ legt er die Begrenztheit der menschlichen Erkenntnisfähigkeit dar und schlussfolgert, dass Gott nicht mit dem Verstand bewiesen werden kann.
  - Kant formuliert jedoch einen ethischen Gottesbeweis („Kritik der praktischen Vernunft“, 1788). Das Zusammenleben der Menschen ist nur möglich auf Basis einer auf Gott zurückführbaren Moral. Das Gewissen ermöglicht dem Menschen die Differenzierung von Gut und Böse. Ursprung und Maßstab dieser Differenzierungsfähigkeit ist eine übergeordnete Instanz = Gott.
  - Im Diesseits wird der moralisch gut handelnde Mensch nicht immer für sein Verhalten belohnt. Für Kant ist es aber ein Gebot der moralischen Vernunft, dass diese Belohnung spätestens im Jenseits erfolgt. Dies wiederum setzt voraus, dass es eine Instanz gibt, die diese Belohnung nach dem Tod vornimmt = Gott.
  - Nach Kant gibt es also keine theoretische, sondern eine moralische Begründung für die Existenz Gottes.
  - **Kritik**: Das Gewissen eines Menschen wird durch seine Umwelt und Erziehung geprägt, nicht nur durch Religionen. Für gutes Verhalten im Jenseits belohnt zu werden, ist eine Hoffnung, die sich nicht zwingend erfüllen muss.

- **Hoffnung statt Sinnlosigkeit** nach Karl **Rahner** (* 1904; † 1984):
  - In einer sinnentleerten Welt, in der Zufall und Leere herrschen, müsste der Mensch verzweifeln.
  - In der Geburt, im Leben, Tod und in der Auferstehung Jesu Christi haben die Menschen Befreiung und Erlösung erfahren.
  - Die christliche Welt ist bestimmt von der Erfahrung von Sinn, Geborgenheit und Liebe, weshalb man den Glauben wagen soll.
  - **Kritik**: Karl Rahner hält eine Welt ohne Gott für unerträglich. Es ist aber denkbar, dass Menschen Geborgenheit und Sinn erleben, ohne dass es Gott und ein Weiterleben nach dem Tod gibt.

Ist Gott biologisch beweisbar?

- **Gott als Gegenstand der Neurologie** nach **Michael Persinger** (* 1945; † 2018) und **Andrew Newberg** (* 1966)
  - Epileptische Anfälle im Schläfenlappen des Gehirns würden religiöse oder mystische Erfahrungen auslösen, so die Vermutung der Wissenschaftler.
  - Meditation beeinflusse die Durchblutung des oberen Scheitellappens, sodass ein Gefühl der Unbegrenztheit, Zeitlosigkeit und Verschmelzung entstehen könne.
  - Im Gebet sind Areale aktiv, die für die soziale Kognition zuständig sind, wie bei dem Gedanken an eine geliebte Person (Michael Blume * 1976).
  - Die Diskussion in der Forschung dreht sich um den Zusammenhang von Geist und Materie. Die eine Fraktion sagt, das Gehirn produziere religiöse Erfahrungen, die andere, das Gehirn ermögliche das Erlebnis der Transzendenz.
  - **Kritik**: Die Vermischung naturwissenschaftlich-empirischer Methoden mit Glaubensprämissen ist problematisch. Neurologen untersuchen Gehirne, nicht die Existenz Gottes. Die Wiederholung der Experimente führte zu keinen eindeutigen Ergebnissen. Es waren mehr Gehirnregionen aktiv, als zunächst angenommen.

Die Frage nach dem Sinn des Lebens

- Das lateinische Wort „sentire" bedeutet ursprünglich: „einer Richtung nachgehen", das davon abgeleitete germanische Wort „Reise, Weg, Richtung". Der deutsche Begriff „Sinn" kann nur unzureichend in andere Sprachen übersetzt werden. Sinn meint die innere Absicht des menschlichen Daseins, das als erfüllt erlebt wird und darin seinen Wert hat. Wer nach dem Sinn sucht, stellt folgende Fragen: Was ist der Grund meiner Existenz? Hat mein Leben ein Ziel? Habe ich eine Aufgabe?
- Entwicklungspsychologen gehen davon aus, dass ein kindliches Urvertrauen zu den Eltern Sinn und Geborgenheit für ein ganzes Leben vermitteln kann. Den Sinn des eigenen Lebens in Frage zu stellen, kann auch Symptom einer psychischen Erkrankung sein, z.B. einer Depression.
- Je nach Milieu entwickeln Menschen im Laufe ihres Lebens unterschiedliche Lebensziele und Einstellungen. Diese erforschen z.B. die Shell-Jugendstudie oder die Sinus-Milieu-Studie aus Marktforschungsgründen.
- Kultstatus erhielt die parodistische Antwort des Schriftstellers Douglas Adams (* 1952; † 2001) in seinem Science-Fiction-Werk „Per Anhalter durch die Galaxis". Hochintelligente Weltraum-Wesen bauen einen Supercomputer namens „Deep Thought". Nach einer Rechenzeit von 7,5 Millionen Jahren lautet dessen Antwort auf die Frage nach dem Leben „42" – mit dem Hinweis, dass die Frage nach dem Sinn nicht präzise genug gestellt wurde.
- Der Schriftsteller und Philosoph Günther Anders beantwortet die Frage nach dem Sinn des Lebens nüchtern: Warum gehen die Menschen davon aus, dass Leben einen anderen Sinn haben sollte, außer da zu sein?
- Angesichts von Leid und Tod stellen aber viele Menschen die Sinnfrage. Ein Weiterleben in den eigenen Nachkommen, in Verdiensten für die Gesellschaft oder in außergewöhnlichen Werken wird als sinnstiftend angestrebt.

Identitätsentwicklung

- Identität bedeutet die völlige Übereinstimmung von zwei festgelegten Einheiten. Ein Mensch muss nach Ansicht von Psychologen einen Ausgleich erzielen von Rollen-Identität und personaler Identität mit dem Ziel, eine individuelle Ich-Identität aufzubauen. Die Entwicklung einer Identität ist nach den Entwicklungspsychologen Rolf Oerter (* 1931) und Leo Montada (* 1938) das wichtigste Ziel des Jugendalters.
- Ich-Identität definiert der Psychoanalytiker Erikson (* 1902 ; † 1994) als Zuwachs an Persönlichkeitsreife, um für das Leben als Erwachsener vorbereitet zu sein. Der Heranwachsende muss hierfür verschiedene Kindheitserfahrungen in seine Identität integrieren, um sich selbst als individuell und beständig als Person zu erleben.
- Nach dem Verständnis der Soziologie wird Identität über Sprache gewonnen. Identität entsteht in der Kommunikation je nach Situation neu, dadurch ist Identität nichts Starres.
- Identitätsentwicklung wird vorangetrieben durch Grenzerfahrungen, Krisensituationen und Lebensentscheidungen.
- Die Identitätsentwicklung innerhalb unserer Gesellschaft wird beeinflusst von:
  - Pluralismus und Globalisierung, vor allem auch vor dem Hintergrund von Migrationserfahrungen;
  - der Leistungsorientierung und dem Materialismus westlicher Gesellschaften;
  - der Informationsflut der Medien;
  - den Rollenprofilen sozialer Netzwerke;
  - der Zugehörigkeit zu verschiedenen sozialen Gruppen und damit verbunden mit dem Aufbau verschiedener Rollen;
  - den veränderten Rollenerwartungen an Männer und Frauen;
  - der Auseinandersetzung mit der eigenen sexuellen Orientierung.

Tugendhaftigkeit ermöglicht ein sinnerfülltes Leben

- Für Platon (* um 428; † um 347 v. Chr.) und Aristoteles (* 384 v. Chr.; † 322 v. Chr.) gibt es ein „richtiges" Leben. Voraussetzung hierfür ist das Bemühen um Tugendhaftigkeit. Die vier **antiken Kardinaltugenden** lauten: **Gerechtigkeit, Besonnenheit, Tapferkeit** und **Weisheit**. Für Aristoteles markieren die Tugenden den Weg zu einem geglückten Leben. Sie werden durch Training erworben. Es kommt auf das richtige Maß an zwischen den Extremen. Tapferkeit ist etwa die Mitte zwischen Feigheit und Wagemut.

- Im Judentum ist der Maßstab für ein tugendhaftes Leben die Orientierung an den **Zehn Geboten**. Die antiken Kardinaltugenden sind bekannt und werden etwa im Buch der Weisheit 8,7 genannt (→ S. 143).

- Papst Gregor der Große (* um 540; † 604) ergänzt die antiken Tugenden durch drei weitere: Glaube, lat. „**fides**": Das Kreuz ist das Symbol des christlichen Glaubens. Hoffnung, lat. „**spes**": Der Anker ist das Symbol der christlichen Auferstehung. Liebe, lat. „**caritas**": Das Herz ist das Symbol der Nächstenliebe (vgl. 1 Kor 13,8–13).

- Martin Luther (* 1483; † 1546) fügt als weitere Tugend die **Beharrlichkeit** hinzu.

- Der Theologe **Bernhard Häring** (* 1912; † 1998) lenkt die Aufmerksamkeit auf die **vier eschatologischen Grundhaltungen**, d.h. auf die Frage, mit welcher Haltung man das Ende der Geschichte erwarten soll:
  - Dankbare Demut ermöglicht, frei zu sein, damit Christus in uns lebt.
  - Schöpferisches Hoffen ermöglicht die Mitarbeit am Schöpfungsauftrag Gottes.
  - Wachsamkeit und Bereitschaft ermöglichen das Annehmen des gegenwärtigen Heils.
  - Frohe Gelassenheit wird ermöglicht durch die Erlösung des Christen durch Christi Auferstehung.

Antike philosophische Antworten auf die Sinnfrage

- Philosophie der **Stoa**: Der Sinn des Lebens besteht darin, im Einklang mit der Natur zu leben.
  - Apathie, die Freiheit von allen Leidenschaften, ist anzustreben, ebenso ein Handeln, das frei von Nützlichkeitsüberlegungen ist.
  - Ziel ist es, frei zu werden von Wünschen und Ängsten und die Seelenruhe (Ataraxie) zu finden.
  - Dazu gehört, zufrieden zu sein mit den bestehenden Verhältnissen.
- **Epikur** (* um 341 v. Chr.; um † 270 v. Chr.): Alle Menschen wollen glücklich (griech. „hedone") sein. Das Vermeiden von Schmerz und das Streben nach Lust ist Ursprung und Ziel eines glücklichen Lebens.
  - Die Vernunft führt den Menschen dazu, auf rasche Triebbefriedigung zu verzichten, um höhere Genüsse zu erreichen.
  - Angestrebt wird dabei die Seelenruhe (Ataraxie).
  - Höhere Genüsse sind der Umgang mit Freunden, die Liebe, die Kunst und Philosophie.
  - Ämter und gesellschaftliche Verpflichtungen sollen vermieden werden.
  - Die Furcht vor dem Tod ist unvernünftig, da der Lebende sich zu früh Sorgen macht, der Tote aber sein Bewusstsein verliert.
  - Es gibt keinen jenseitigen Sinn des Lebens. Die Götter kümmern sich nicht um die Menschen.
- **Aristoteles** (* 384 v. Chr.; † 322 v. Chr.): Das Ziel des Lebens ist ein Streben nach Glück (griech. „eudaimonia"), das in dem Erreichen der ihm zugedachten Bestimmung gefunden wird.
  - Das Wesen des Menschen sei das tätige Leben der vernünftigen Seele.
  - Lebensumstände, die körperlichen Voraussetzungen und der innere Charakter bilden die Güter des Menschen. Nur die sittlich guten Menschen können den Sinn des Lebens finden.

Christliche Sinndeutung

- In der Bibel wird der Begriff „Verheißung“ verwendet, nicht „Sinn“.
- Für die Jünger Jesu liegt der Sinn in der Begegnung mit Jesus Christus und in seiner Nachfolge: „Da kam eine Wolke und warf ihren Schatten auf sie, und aus der Wolke rief eine Stimme: ‚Das ist mein geliebter Sohn; auf ihn sollt ihr hören.‘ “ (Mk 9,7)
    - Die Jünger haben den Glauben an eine Hoffnung über den Tod hinaus und auf die Vollendung der eigenen Existenz.
    - Jesus ist der „neue Mose“, der aus der Unterdrückung befreit und neues Leben schenkt. Sein Weg führt zu den Armen, Kranken, den Sündern und Abgelehnten.
    - Die Nachfolge Jesu führt den Christen zum Einsatz für die Verwirklichung des Reich Gottes.
- Christen begeben sich auf die Suche nach dem Sinn in Form von Wallfahrten, Pilgerreisen und Klosteraufenthalten mit Meditation und Exerzitien. Der Sinn des Lebens ist nach Karl Rahner (* 1904; † 1984) ein Geheimnis, dem wir uns im Gebet nähern.
- Auch Personen der Gegenwart können **Vorbilder** sein und Sinn und Orientierung vermitteln, z. B.:
    - Die Ordensschwester Lea Ackermann (* 1937) hat die Organisation „Solwodi“ gegründet und setzt sich international gegen die sexuelle Ausbeutung von Frauen ein.
    - Ruppert Neudeck (* 1939; † 2016) und Elias Bierdel (* 1960) retten Flüchtlinge in Seenot mit dem Schiff Cap Anamur.
    - Von Benjamin Pütter (* 1958) stammt das Siegel „Xertifix“, er setzt sich gegen die Versklavung von Kindern ein, v. a. in Indien.
    - Als Vertreter der Befreiungstheologie sprach sich Óscar Romero (* 1917; † 1980) für soziale Gerechtigkeit in El Salvador aus.
    - Albert Schweizer engagierte sich als Arzt gegen Lepra in Afrika und vertrat die Haltung, dass jedes Leben, auch von Tieren, Ehrfurcht verdiene.
    - Michael Buschheuer gründete die Hilfsorganisationen „Sea-Eye“ und „Space-Eye“, um Geflüchteten zu helfen.

Moderne Sinnentwürfe: Erich Fromm – Viktor Frankl

- **Erich Fromm** (* 1900 ; † 1980): **Haben oder Sein**
  - Beeinflusst vom Marxismus und der Psychoanalyse sieht Fromm den Zustand der seelischen Gesundheit als Ergebnis realer gesellschaftlicher Verhältnisse, die mit dem Mittel der Vernunft in kreative Lebens- und Weltgestaltung verwandelt werden können.
  - Materielle Werte schaffen keinen Sinn. Dies gelingt jedoch in einer am Sein orientierten Lebensweise, in der die Menschen im Mittelpunkt stehen.
  - Laut Fromm gilt es, die eigene Persönlichkeit zu entfalten, sich zu entwickeln, zu wachsen und zu reifen. Glück besteht im Teilen, nicht im Besitzen. Habgier verhindert diese Entwicklung.
  - Die Menschen sollen einen weltweiten Humanismus aufbauen mit den Werten Liebe, Demut und soziale Gerechtigkeit.
- **Viktor Emil Frankl** (* 1905; † 1997): **Logotherapie und Existenzanalyse**
  - Frankl hat seine Angehörigen im Konzentrationslager verloren und selbst vier Konzentrationslager überlebt.
  - Laut Frankl hat der Mensch ein Bedürfnis nach Lebenssinn und Selbsterfüllung. Er soll in der Therapie dazu befähigt werden, seinen individuellen Lebenssinn zu finden. Es stellt sich dabei die Frage, was das Leben noch von ihm erwartet.
  - Der Mensch muss über die Erfüllung der Grundbedürfnisse hinaus seine eigenen Grenzen überschreiten (Selbsttranszendenz), um seine Bestimmung zu finden.
  - Sinn lässt sich finden in der Arbeit oder Kunst, in Freundschaft und Liebe, in der Bewältigung von Leid. Schon bei Nietzsche ist der Satz zu finden: „Wer ein Warum zu leben hat, erträgt fast jedes Wie."

Moderne Sinnentwürfe: Sigmund Freud – Carl Gustav Jung – Martin Buber

- **Sigmund Freud** (* 1856; † 1939): Begründer der **Psychoanalyse**
  - Der psychische Apparat des Menschen besteht aus den Instanzen Ich, Es und Über-Ich.
  - Es: die Triebe (Aggression/Sex), die Selbsterhaltung, der Sitz des Unbewussten;
  - Über-Ich: Werte und Normen; das Gewissen, das der Mensch durch Erziehung und Sozialisation erworben hat;
  - Ich: der Verstand, die Regulation und Kontrolle der Ansprüche von Es und Über-Ich.
  - Der Sinn des Lebens besteht darin, ein seelisch gesundes Leben zu führen durch den Ausgleich der Ansprüche der verschiedenen Instanzen.
  - Religiöse Lebensweisen sind Ausdruck einer seelischen (Zwangs-) Erkrankung (→ S. 64).
- **Carl Gustav Jung** (* 1875; † 1961): **Lehre von den Archetypen**
  - Das kollektive Unbewusste haben alle Menschen gemeinsam. Es zeigt sich in den Archetypen, den seelischen Urbildern, die universal gelten und verstanden werden: die Mutter, die Frau, der Mann usw.
  - In der Therapie geht es darum, die nicht gelebten Anteile der Archetypen zu integrieren und sich der seelischen Schwächen bewusst zu werden. Das ist der Prozess der Individuation.
  - Religionen beinhalten einen reichen Schatz an Archetypen und tragen zum Selbstverständnis des Menschen bei.
- **Martin Buber** (* 1878; † 1965): **Alles wirkliche Leben ist Begegnung**
  - Jüdisch-mystische (Chassidismus) und christlich-mystische Einflüsse (Meister Eckhart) sowie existenzialphilosophische Ansätze (v. a. Sören Kierkegaard) prägen sein Denken.
  - Der Mensch ist auf den Dialog ausgerichtet. In der Begegnung mit Menschen gewinnt der Einzelne seine Identität und erlebt in Ansätzen die Transzendenz hin zum Göttlichen.

Grundlagenwissen zur Bibel

- Die Bibel (griech. „biblos“ = Buch) ist eine Sammlung unterschiedlicher Texte wie Mythen, Gedichte, Gleichnisse, Briefe, Visionen, Wunderberichte, Gebete, Erzählungen, Gesetzestexte, Lieder etc., die seit der israelischen Königszeit (10. Jh. v. Chr.) entstanden.
- Das **Alte Testament** bezieht sich auf den „Alten Bund“ (lat. „testamentum“) Gottes mit den Juden. Es besteht aus den
  - fünf Büchern Mose: Genesis, Exodus, Levitikus, Numeri, Deuteronomium;
  - Büchern der Geschichte Israels: Josua, Richter, Rut, 1 und 2 Samuel, 1 und 2 Könige, 1 und 2 Chronik, Esra/Nehemia, Tobit, Judit, Esther, 1 und 2 Makkabäer;
  - Psalmen und Weisheitsdichtungen: Psalmen, Ijob, Sprüche, Kohelet, Hohes Lied, Weisheit, Jesus Sirach;
  - Propheten: Jesaja, Jeremia, Klagelieder, Baruch, Ezechiel, Daniel, Hosea, Joel, Amos, Obadja, Jona, Micha, Nahum, Habakuk, Zefania, Haggai, Sacharja, Maleachi.
- Das **Neue Testament** (→ S. 89 ff.) enthält die Texte zum „Neuen Bund“ Gottes, den Jesus verkündete: die vier Evangelien, die Apostelgeschichte, Briefe und die Offenbarung des Johannes.
- **Sprache**:
  - Das Alte Testament wurde überwiegend in Hebräisch geschrieben, einige Passagen sind aramäisch, späte Teile sind in Griechisch verfasst.
  - Das Neue Testament ist in einer Spätform des Griechischen verfasst, im sogenannten Koine-Griechisch. Einzelne Aussprüche Jesu sind aramäisch überliefert.
- **Kanonisierung**: Unter **Kanonisierung** versteht man den Prozess, Schriften zu einer verbindlichen Sammlung/Liste von Büchern (= Kanon) für die Gläubigen festzulegen (von griech. „kanon“ = Richtschnur).

- **Kanonisierung des Alten Testaments:**
  - **Septuaginta**: Übersetzung von heiligen Schriften aus dem Hebräischen ins Griechische, zur Zeit Jesu im Umlauf, vor allem unter Juden, die nicht in Palästina lebten. Eine große jüdische Gemeinde gab es z. B. in Alexandria in Ägypten. Die frühen Christen, die auch das Neue Testament in der griechischen Sprache verfassten, kannten diese griechische Version der jüdischen Bibel, sie haben sie als „Altes Testament" übernommen und weiter überliefert.
  - Dabei handelt es sich um die Bücher Tobit, Judit, 1 und 2 Makkabäer, Weisheit, Jesus Sirach und Baruch.
  - Die Juden haben diese Schriften nicht kanonisiert, also nicht als verbindliche Bestandteile ihrer Schriften aufgenommen.
  - Im Humanismus wollte man nicht mehr aus Übersetzungen wie z. B. der Septuaginta oder der **Vulgata** (= Übersetzung ins Lateinische), sondern aus Originaltexten übersetzen, also aus den hebräischen, griechischen bzw. aramäischen Urtexten. Dabei fiel auf, dass die Juden nur jenen Teil als Bibel haben, der schon im Original auf Hebräisch verfasst war. Wie sollte man also mit den anderen Schriften verfahren?
  - Die Katholische Kirche akzeptierte sie weiterhin als deuterokanonische Bücher, festgelegt wurde dies auf dem Konzil von Trient (1545–1563).
  - Bei den Lutheranern spielen sie eine untergeordnete Rolle, die Reformierten lehnen sie als Bestandteil des Kanons ab.

- Die **Kanonisierung** des Neuen Testamentes war ein Prozess, der bis ins vierte Jahrhundert nach Christus dauerte. Unterschiedliche Listen einzelner Bischöfe und Gelehrter wurden im Laufe der Zeit zu einer verbindlichen Liste vereinheitlicht.

Das Alte Testament: Entstehung und Anordnung

- Die Juden nennen ihre Schriften **Tanach**. Seine Texte beginnen mit der Tora (= fünf Bücher Mose). Es folgen die Geschichtsbücher und die Einzelpropheten, am Ende die Psalmen und die Weisheitsbücher, Rut, Ester und die späten Geschichtsbücher.
- Die **christliche Anordnung** des Alten Testaments folgt der Logik Vergangenheit (Pentateuch, Geschichtsbücher), Gegenwart (Psalmen, Weisheitsbücher) und Zukunft (Einzelpropheten).
- Der **Pentateuch** (= fünf Bücher Mose, jüdisch: Tora) ist wahrscheinlich zwischen 900 – 400 v. Chr. entstanden.
  - Die Geschichte der Stämme Judas und Israels wird zwischen 900 und 700 v. Chr. gesammelt. Sie enthält die Erzählungen Exodus, Sinai-Ereignis, Abrahams- und Jakobs-Legende.
  - Die Stammesüberlieferungen werden nach dem Untergang des Nordreichs (722 v. Chr.) zu einer einheitlichen Familiengeschichte zusammengefügt.
  - Die Geschichte von Josef und seinen Brüdern und die Isaak-Geschichte werden während oder nach dem Babylonischen Exil (586 – 537 v. Chr.) hinzugefügt. Es entstehen außerdem die Schöpfungsgeschichten und das juristisch geprägte Buch Deuteronomium, das als Abschiedsrede des Mose gestaltet ist. Hier findet sich auch eine Version der Zehn Gebote.
  - Nach dem Exil deuten die Priester die Exilerfahrung als Folge des Bündnisbruchs des Volkes Israel mit Gott. Diese Überzeugungen fließen in die fünf Bücher Mose mit ein.
  - Gesetztexte und Kultvorschriften bestimmen das Buch Levitikus.
- Es folgen weitere Geschichtsbücher wie Josua und Richter. Im Buch Josua geht es um die Eroberung und Besiedelung des Landes Kanaan nach Moses Tod. Das Buch der Richter schließt sich an und beschreibt, wie in schwierigen Zeiten charismatische Persönlichkeiten das Volk geleitet haben.
- Das Buch der Psalmen enthält eine Sammlung von Gebeten und Liedern, die vermutlich zum Teil von König David verfasst wurden.
- Die Propheten am Ende des Alten Testamentes prangern Missstände an, verkünden ein Gericht und eine anschließende Heilszeit.

Das Alte Testament als Spiegel der Geschichte Israels

- Israel befand sich im Spannungsgefüge der benachbarten Großmächte: Ägypten im Westen; Assur, Babylon, Persien im Osten.
- 1250–1000 v. Chr.: Israels Stämme lebten relativ unabhängig, die Philister errichteten an der Küste Städte.
- 1000–586 v. Chr.: Saul und David bemühten sich um eine Einigung der Stämme. David machte Jerusalem zur Hauptstadt und schaffte das Großreich Israel, das nach Salomons Tod in das Nordreich Israel und das Südreich Juda zerfällt. In dieser Zeit entstanden die Moses-, die Väter- und die Elija-Geschichten.
- 722 v. Chr.: Das Nordreich wurde von den Assyrern erobert, auch Juda geriet kurz darauf in Abhängigkeit der Assyrer. Die Propheten Amos, Hosea, Jesaja und Micha traten auf.
- 597 v. Chr. eroberten die Babylonier unter Nebukadnezzar Juda. Jerusalem wurde 586 v. Chr. zerstört. Die Oberschicht wurde ins Babylonische Exil verschleppt. Der Prophet Jeremia trat auf.
- 538 v. Chr. entließen die Perser unter Kyros II. die Juden aus dem Exil, die Perser hatten das babylonische Reich erobert. 515 v. Chr. wurde der Tempel wiederaufgebaut. Der Glaube an einen Gott Jahwe setzte sich durch. Die Tora wurde bis 400 v. Chr. fertig gestellt.
- 333 v. Chr.: Alexander der Große eroberte das Perserreich und förderte die Ausbreitung der griechischen Kultur. Die Makkabäer restaurierten den Tempel und drängten die griechische Kultur aus dem jüdischen Glauben. Nach dem Tod Alexanders befand sich Israel im Spannungsgefüge zwischen ägyptischer und persischer Herrschaft. Judas Makkabäus besiegte die Seleukiden und nahm Jerusalem ein. Das Buch Daniel entstand.
- 63 v. Chr. Israel wurde durch die Römer unter Pompeius erobert. Herodes und Herodes Antipas wurden Könige unter römischer Herrschaft.

Die alttestamentlichen Schöpfungsberichte

- **Genesis 1,1–2,4a** schildert, wie die Welt von der Unordnung (griech. Chaos) zur Weltordnung (griech. Kosmos) gestaltet wird.
  - Alles ist von Gott, durch seinen Willen geschaffen. Die Welt entsteht in sechs Tagen durch sein **Wort**.
  - Gott erscheint als Herrscher. Es gibt nur einen Gott. Alles innerhalb der Natur ist Geschöpf. Es gibt keine anderen Götter, gegen die Gott kämpfen müsste.
  - Höhepunkt der Erzählung ist die Ruhe Gottes am siebten Tag.
  - Der Mensch ist Ebenbild Gottes. Er ist Mitarbeiter Gottes, seine Aufgabe ist es, über die Erde zu herrschen und sich fortzupflanzen. Er muss Gott nichts opfern.
  - Die Landschaft, die diesem Text als Vorbild diente, ist die von Überflutung bedrohte Flusslandschaft in Babylon.
  - Entstehungszeit: um 550 v. Chr. verfasst, vermutlich von Priestern während des Babylonischen Exils.
  - Anlass der Entstehung: Der erste Schöpfungsbericht ist das Ergebnis der Auseinandersetzung mit der Götterwelt der fremden Völker, die für die Israeliten in der Gefangenschaft existenziell nötig wurde, um die eigene Identität zu bewahren. Für die Israeliten ist die wichtigste Einsicht, dass Jahwe der einzige Gott ist, der existiert. Damit ist er zugleich der Schöpfer der Welt, es gibt keine anderen Götter neben ihm – weder Sonne noch Mond oder andere Götter, die im Umfeld Israels verehrt wurden.

- In **Genesis 2,4b–25** steht der **Mensch im Zentrum**, die Schöpfung existiert schon. Dieser Schöpfungsbericht thematisiert den paradiesischen Urzustand.
  - Der Lebensraum des Menschen ist der Garten Eden, eine blühende Oase, von vier Strömen durchzogen. In der Mitte steht der Baum des Lebens und der Erkenntnis, von dem man nicht essen darf.

- Dieser Lebensraum befindet sich im Übergangsbereich von der Steppe zur fruchtbaren Landschaft. Der Mensch hat die Aufgabe, den Garten zu bebauen und zu behüten.
- Gott formt den Menschen aus Erde; er wird wie ein Töpfer, ein Handwerker geschildert. Gott haucht dem Menschen Leben ein. Er ist aber auch ein Geschöpf und damit fehlbar.
- Entstehungszeit: Der Bericht wurde vermutlich von einem Theologen am Hof König Salomons verfasst, ca. im 10. Jahrhundert v. Chr.

- **Resümee**:
  - Die Erzählungen sind in unterschiedlichen Lebenswelten entstanden, was bei deren Analyse zu beachten ist (historisch-kritische Exegese → S. 93). Beide Male ist der Mensch ein besonderes Geschöpf (→ S. 30).
  - Der Vergleich der beiden Schöpfungsberichte zeigt, dass es nicht um naturwissenschaftliche Aussagen geht, denn naturwissenschaftlich widersprechen sich die Berichte. Beide thematisieren die Stellung des Menschen im Verhältnis zu Gott, zur Natur und zueinander, besonders das Verhältnis von Mann und Frau (→ S. 26).

Das Neue Testament: die Evangelien

- In den ersten beiden Jahrzehnten nach Jesu Tod schrieben seine Anhänger nichts auf, weil sie seine baldige Wiederkunft erwarteten. Das älteste erhaltene Schriftstück ist der Brief an die Thessalonicher um 50 n. Chr.
- Das Neue Testament beginnt mit den **vier Evangelien**. Die Verfasser hatten die Intention, mit diesen Schriften Menschen für Jesus zu gewinnen.
- Das **Markus-Evangelium** ist das älteste Evangelium. Sein Verfasser griff auf einfache Gebete und Bekenntnisformeln in den Gemeinden zurück, auch Worte Jesu, Geschichten und eine ausführliche Schilderung der Leidensgeschichte standen ihm zur Verfügung. Auf dieser Grundlage schrieb er um 70 n. Chr. eine Erzählung über die letzten Jahre Jesu. Das Evangelium ist in drei Teile gegliedert: Jesu öffentliches Auftreten in Galiläa, Wanderungen, Leiden und Tod in Jerusalem.
- **Lukas und Matthäus** überarbeiteten 80 – 90 n. Chr. das Markus-Evangelium. Dabei fügten sie in unterschiedlicher Weise die schriftliche Quelle Q (→ S. 93, 107) ein. Beide verfügten außerdem vermutlich über weitere nichtschriftliche Quellen. Dies ergibt sich aus dem Vergleich der Texte in drei Spalten (griech. Synopse = Zusammenschau). Ihre Evangelien beginnen mit Kindheitslegenden zu Jesus.
- **Johannes** (etwa 100 – 110) stellt Jesus als Erscheinung der Herrlichkeit Gottes in den Mittelpunkt, nicht das Reich Gottes.

Das Neue Testament: Apostelgeschichte, Briefe, Offenbarung des Johannes

- An die Evangelien schließt sich die **Apostelgeschichte** an. Sie wurde von Lukas etwa 60 – 64 n. Chr. verfasst und handelt vom Wirken der Apostel und der Ausbreitung des Evangeliums. Das Wirken des Heiligen Geistes an Pfingsten steht am Beginn, daraus ergibt sich die Entstehung der Gemeinden. Die Verkündigung der Botschaft vom auferstandenen Christus an Israel wird von dessen führenden Gestalten abgelehnt (Kap. 1–7). Von da an breitet sich der Glaube bei den Völkern aus, auch über Israel hinaus. Paulus wird Christ und bekehrt Nicht-Juden zu Christus (Kap. 8–12). Er wird zum Apostel der Heiden in Kleinasien und Griechenland (Kap. 13–28).

- **Die Briefe**
  - Paulus und andere Apostel verfassten Briefe an die Gemeinden zu theologischen und moralischen Fragen. Man unterscheidet:
  - **Echte paulinische Briefe**: Sieben Briefe werden Paulus direkt zugeschrieben (1 Thessalonicher, 1 und 2 Korinther, Galater, Römer, Philemon, Philipper). Sie sind die ältesten erhaltenen Schriften des Christentums, der älteste ist der erste Brief an die Thessalonicher um 50 n. Chr. mit dem Thema: Was geschieht mit den bereits verstorbenen Christen bei der Wiederkunft Christi?
  - Von Schülern des Paulus wurden vermutlich verfasst: 1 und 2 Timotheus, Titus; umstritten ist die Autorenschaft des Briefes an die Kolosser, an die Epheser und vom zweiten Thessalonicherbrief.
  - **Die Katholischen Briefe** (Jakobus, 1 und 2 Petrus, 1, 2 und 3 Johannes, Judas) werden Aposteln oder Apostelschülern zugeschrieben.
  - Der **Hebräerbrief** ist anonym überliefert. Er ist kein Brief, sondern ein Lehrvortrag, der davor warnt, im Glauben an Jesus Christus nachzulassen.

- Die **Offenbarung des Johannes** ist ein prophetisches Buch, das die beginnenden Christenverfolgungen unter Domitian (* 51; † 96) thematisiert. Die Zeit der Prüfung, so die Kernbotschaft des Textes, endet in der Gemeinschaft mit Gott im Himmlischen Jerusalem (→ S. 169).

Bibelauslegung in der Antike und im Mittelalter

- Wie bereits im Judentum wurden die Texte auch von den Christen so gedeutet, dass sie zur Situation der Gegenwart passten. Aussagen des Alten Testaments wurden auf Jesus Christus bezogen.

- Origenes (* um 185; † 254) hat die Texte symbolisch bzw. allegorisch interpretiert: Hinter dem wörtlichen Sinn gibt es eine verborgene Bedeutung (Lehre vom mehrfachen Schriftsinn).

- Die Theologen des 13. Jahrhunderts kennen vier Auslegungsebenen:
  - Die Offenbarung zeigt sich historisch in der Geschichte des Volkes Israel (Literalsinn = geschichtliche Ebene).
  - Die Texte des Alten Testaments weisen bereits auf die christlichen Glaubensvorstellungen hin (allegorische Ebene = Glaubensebene).
  - Die Spiritualität des Christentums findet sich in der moralischen Lesart (tropologische Auslegung = Ebene der Moral).
  - Das Leben Christi zeigt sich bereits in den Handlungsanweisungen des Alten Testaments, durch die schon die christliche Hoffnung durchscheint (anagogische Auslegung = Ebene der endzeitlichen Hoffnung). Das Alte Testament kündigt bereits das Auftreten Jesu und seine Reich-Gottes-Botschaft an.

- Die Schriften der Bibel können auf mehreren Ebenen interpretiert werden. Nach der christlichen Interpretation plante Gott von Anfang an mit Jesus Christus, das Alte Testament ist klar auf Christus ausgerichtet; Altes und Neues Testament bilden eine Einheit.

- Aus heutiger Sicht ist diese Interpretationsweise zwar einerseits eine produktive Vorgehensweise, sie beinhaltet aber auch die Gefahr der Willkür.

Streit um die Bibelauslegung zur Zeit der Reformation

- Die komplexe mittelalterliche Schriftauslegung wurde von den **Reformatoren** kritisiert, weil sie Theologen (Priester) für das Verständnis der Bibel erforderlich machte (→ S. 84, 128). Sie vertraten die Ansicht:
  - Die Bibel muss nicht durch das kirchliche Lehramt (Theologen) erklärt werden.
  - Sie ist der Maßstab für die Kirche und enthält alles, was die kirchliche Lehre ausmacht.
  - Für das Heil ist nichts weiter nötig als die Kenntnis der Bibel.
  - Das Evangelium ist klar verständlich, nur die menschliche Unwissenheit lässt manche Stellen etwas verworren erscheinen.
  - Statt des vierfachen Sinns der Schrift wird nur die wörtliche Auslegung (Literalsinn) akzeptiert (→ S. 91).
  - Als extreme Form wurde im protestantischen Raum die Verbalinspiration propagiert, d.h. die Bibel ist wortwörtlich vom Heiligen Geist diktiert und darf nicht in Frage gestellt werden.
- Die **katholische Position** wurde auf dem **Konzil von Trient** formuliert (1545–1563):
  - Ohne die Interpretation durch das katholische Lehramt bleiben die Bibeltexte vieldeutig.
  - Die Schrift selbst unterlag dem Prozess der Kanonisierung und ist somit ein Ergebnis der kirchlichen Tradition (→ S. 84).
  - Die mündliche Überlieferung ist die ursprüngliche Form, wie sie von den Aposteln praktiziert wurde. Daher ist nicht alles Heilsnotwendige in der Bibel enthalten, sondern auch in der mündlichen Tradition, die in der Kirche bewahrt wird, überliefert.
  - In der katholischen Kirche hat sich anders als bei der protestantischen Theologie nicht so schnell eine biblische Hermeneutik herausgebildet, d.h. eine theoretische Klärung der Methoden, die bei der Bibelauslegung herangezogen werden, und bei der sich der Interpret die Voraussetzungen, Annahmen und Absichten seiner Auslegung bewusst macht (→ S. 93).

Die historisch-kritische Exegese

- Im Zeitalter der Aufklärung entwickelte sich im Protestantismus eine ergebnisoffene, wissenschaftliche Form der Exegese (= Auslegung) der biblischen Texte. Papst Pius X. (* 1835; † 1914) verbot 1910 diese Art der Bibelauslegung. Die katholische Kirche hat sie erst im Zweiten Vatikanischen Konzil (1962 – 1965) anerkannt. Sie ist auch heute noch in konservativen Kreisen umstritten.

- Die historisch-kritische Exegese definiert diese **Arbeitsschritte**:

  1. Textkritik: Von den Evangelien existieren keine Originale, nur Abschriften. Beim Abschreiben geschahen Fehler oder wurden Änderungen vorgenommen. Daher muss man versuchen, den Urtext zu rekonstruieren. Bei wissenschaftlichen Textausgaben enthält ein textkritischer Apparat die bekannten Varianten des Haupttextes.

  2. Literarkritik: Der vermutete Urtext dient der Literarkritik als Grundlage; sie versucht, dessen Entstehungsgeschichte und Quellen zu rekonstruieren. Beispiel Zwei-Quellen-Theorie: Die Literarkritik klärte das Verhältnis der Evangelien zueinander: Matthäus und Lukas haben von Markus abgeschrieben, daneben noch die Logienquelle Q (→ S. 89, 107) verwendet sowie eigenes Sondergut.

  3. **Gattungs- und Traditionskritik** fragt nach dem „Sitz im Leben“, also in welcher Situation der Text ursprünglich verwendet wurde. Dabei hilft auch die Identifikation der Gattungen wie Totenklage, Hochzeitslied, Wundergeschichte, Predigt etc.

  4. Die **Begriffs- und Motivkritik** untersucht das Vorkommen einzelner biblischer Wörter in anderen Quellen derselben Zeit, um deren ursprüngliche Bedeutung und Verwendung zu verstehen.

  5. Die **Redaktionskritik** versucht, Einfügungen und Veränderungen der überlieferten Texte zu identifizieren.

- Kritik: Die historisch-kritische Exegese zerlegt Texte und betrachtet den Entstehungsprozess der Einzelteile.

- Im Gegensatz dazu legt die **kanonische Exegese** Wert darauf, die Texte so, wie sie in ihrer Endgestalt vorliegen, im Zusammenhang mit der ganzen Bibel und der kirchlichen Auslegungstradition zu betrachten.

Weitere Formen der Exegese

- **Politische Exegese**: Ein Beispiel hierfür ist die **Befreiungstheologie**. Sie entstand in den 1960er-Jahren in Lateinamerika und nahm ihren Ausgang bei den sozialkritischen Texten der Bibel. Sie leitete daraus ab, dass sich die Kirche auf die Seite der Armen stellen muss. Basisgemeinden suchen in der Bibel nach Anleitungen für eine gerechtere Gesellschaft, z. B. in der Exodus-Erzählung (→ S. 136, 152).
- **Feministische Exegese**: Die biblischen Texte sind in einer patriarchalen Gesellschaft entstanden. Dies prägte das Gottesbild und die Rollenerwartungen, sodass Texte wie in Gal 3,28 (Gleichstellung der Geschlechter) eher die Ausnahme bilden. Hier setzt die feministische Exegese an und betont z. B. die Bedeutung von Maria Magdalena als Zeugin der Auferstehung (→ S. 134).
- Die Bibel kann auch **tiefenpsychologisch** interpretiert werden, wonach beispielsweise die Geschichten über Heilungen durch Jesus für die Überwindung von verdrängten Ängsten stehen.
- **Intertextuelle Auslegung**: Sie zeigt auf, wie sich Texte eines Kulturraums gegenseitig beeinflussten und verschiedene intertextuelle Bezüge aufweisen – innerhalb der Bibel, aber auch außerhalb in Texten des Alten Orients oder des hellenistischen Raums.
- Auch die Wirkungsgeschichte der Bibel auf Kunst, Musik, Literatur und Film oder auf die Politik kann untersucht werden.
- Die **narrative Exegese** untersucht die Bibel als literarischen Text mit literaturwissenschaftlichen Methoden.
- Das Bibliodrama macht mit schauspielerisch-gestalterischen Elementen die Geschichten der Bibel unmittelbar fassbar.

Bibel und Koran im Vergleich

- Der **Koran** ist die heilige Schrift des Islam. Muslime glauben an die Verbalinspiration: Gott wird nicht Mensch, sondern er offenbart sich im Buch (Inliberation). Daraus leitet sich der universale und unfehlbare Wahrheitsanspruch des Korans ab.
    - Gott hat Mohammed (* um 570, † um 632) im Jahr 610 durch den Engel Gabriel Allahs Offenbarung diktiert.
    - Der Koran ist das ewig gültige Wort Allahs an die Menschen, es ist nicht als zeitbedingt anzusehen. Die Offenbarung, die direkte Mitteilung Gottes, ist mit dem Verfassen des Korans beendet.
    - Das authentische Wort Gottes ist im arabisch geschriebenen Koran zu finden. Es ist verbindlich. Der Koran wird auf Arabisch vorgetragen.
    - Die Interpretation des Korans erfolgt in den Gelehrtenschulen des Islam. Textkritik ist traditionell nicht üblich. Ansätze historisch-kritischer Vorgehensweisen, wie die von Professor Mouhanad Khorchide in Münster, sind in Deutschland am Entstehen.
    - Jeder Koranausgabe wird eine besondere Wertschätzung als unmittelbarem Wort Allahs entgegengebracht.
    - Zweifel und Klagen an Allah sind im Koran nicht enthalten.
    - Für Christen ist Jesus wichtiger als die Bibel, für Moslems dagegen ist der Koran als Offenbarung Allahs wichtiger als Mohammed.

- Die **Bibel** wird als Zeugnis der Geschichte Gottes mit den Menschen verstanden.
    - Sie ist nicht identisch mit der Offenbarung, sondern enthält Texte über den sich offenbarenden Gott und seine Menschwerdung (Inkarnation).
    - Sie ist ein menschliches Zeugnis der Erfahrungen mit Gott. Zweifel und Klagen an Gott sind erlaubt. Sie wird als zeitbedingt betrachtet. Sie hat einen längeren Entstehungsprozess und viele Verfasser.
    - Sie darf wissenschaftlich (historisch-kritisch → S. 93) erforscht werden, auch Übersetzungen sind gültig.
    - Offenbarung findet auch heute noch im gelebten Glauben statt.

Der historische Jesus

- Der Name „Jehoshua" ist hebräisch und bedeutet „Gott hilft/rettet". Jesus wurde etwa 7–4 vor Christus in Palästina, wahrscheinlich Nazareth, geboren. Die Eltern von Jesus hießen Josef und Maria, als Brüder nennen die Evangelien Jakobus, Josef, Simon und Judas (Mk 6,3 und Mt 13,55), Schwestern werden nicht namentlich genannt. Jesus war Bauhandwerker und lebte in Nazareth.
- Jesus war Jude und sprach aramäisch. Sein Alltag wurde durch das jüdische Gesetz geregelt. Er betete in der Synagoge, wo auch die Schrift ausgelegt und die Tora studiert wurde. Auch gab es Wallfahrten zum Tempel nach Jerusalem.
- Mit etwa 30 Jahren wurde er Schüler von **Johannes dem Täufer** und ließ sich taufen. Johannes lebte als Endzeitprediger am Jordan. Er kündigte ein Strafgericht Gottes an, forderte zur Umkehr auf und spendete die Taufe zur Vergebung der Sünden.
- Jesus trennte sich wieder von Johannes, zog als charismatischer Wanderprediger durch Galiläa und wirkte am See Genezareth.
  - Dieses Leben hat vermutlich weniger als ein Jahr gedauert, andere sprechen von bis zu drei Jahren.
  - Seine Familie schien dies nicht gutzuheißen (Mk 3,21).
  - Er orientierte sich an der Ethik der Tora, rituelle Vorschriften waren ihm nicht so wichtig wie zwischenmenschliche Themen.
  - Er betonte die Güte Gottes und nannte Gott „Abba" (aramäisch für Vater → das Vaterunser, S. 47). Er vergab im Namen Gottes Sünden.
  - Seine Kritik am Tempelkult brachte ihn in offene Gegnerschaft zur jüdischen Oberschicht (→ S. 98).
  - Als politischer Unruhestifter wurde er um 30 n. Chr. zur Zeit des Pessach-Festes vor den Stadtmauern Jerusalems gekreuzigt.

Hat Jesus wirklich gelebt?

- Immer wieder wurde die Existenz Jesu angezweifelt und behauptet, die Jünger hätten Jesus zur eigenen Rechtfertigung erfunden. Dagegen spricht, dass Jesus in außerchristlichen Quellen erwähnt wird. Nicht-Christen hätten kein Interesse daran gehabt, seine Existenz nachzuweisen, wenn er nicht gelebt hätte.
- Der jüdische Historiker **Flavius Josephus** (* 37/38; † um 100) erwähnt das Auftreten Jesu im „Testimonium Flavianum". An der Authentizität des Textes wird jedoch gezweifelt, da Jesus darin als „Christus" bezeichnet wird, was für eine christliche Bearbeitung des Textes spricht.
- Die im jüdischen **Talmud** zu findende Aussage über Jesus gilt als jüdische Antwort auf christliche Kritik an den Juden: „Er wird zur Steinigung hinausgeführt, weil er Zauberei getrieben und Israel verführt und abtrünnig gemacht hat."
- Die Kenntnis von der Existenz eines Jesus Christus hatten römische Autoren vermutlich hauptsächlich aus jüdischen Berichten.
  - **Sueton** (* um 70; † um 122) erwähnt die Christen in seinen Kaiserbiographien.
  - **Tacitus** (* um 58 n. Chr.; † um 120) spricht in den kaiserkritischen Annalen von den Christen, die zwar einen gefährlichen Aberglauben vertreten, aber von Kaiser Nero zu Unrecht beschuldigt worden wären, den Brand in Rom gelegt zu haben.
  - **Plinius der Jüngere** (* 61/62; † um 113) berichtet in einem Briefwechsel mit dem Kaiser Trajan über die Christen, er ließe sie gegen Christus aussagen und die Götter anbeten und dies sei ein Beleg dafür, dass sie keine Christen sind.
  - **Thallus** erwähnt in seiner Weltgeschichte (55) eine Sonnenfinsternis zur Zeit von Jesu Kreuzigung. Das Werk ist verloren, jedoch nimmt der Chronist Iulius Africanus (* um 160/170; † um 240) Bezug auf Thallus Beschreibung der Sonnenfinsternis.
  - **Lukian von Samosata** (* um 120; † um 200) bedauert die Christen in dem Buch „De morte Peregrini", da sie an ein ewiges Leben glauben würden und sogar freiwillig sterben würden.

Das soziale und religiöse Umfeld Jesu

- Die Hellenisierung, d.h. die Durchdringung mit der griechische Kultur und Sprache, bedrohte die jüdische Identität. Die römische Besatzung erhob Steuern und Zölle, römische Soldaten patrouillierten auf dem Tempelberg, was die Juden als permanente Provokation empfanden. Außerdem kooperierte Herodes Antipas als jüdischer Herrscher mit ihnen. Angesichts dieser Bedrohungs- und Unterdrückungslage erwarteten viele Juden ein endzeitliches Gericht und die Wiederherstellung des Reichs von König David.
- **Jüdische Gruppierungen zur Zeit Jesu**:
  - Die jüdische Partei der **Sadduzäer** hatte großen politischen Einfluss und kooperierte mit den Besatzern. Sie waren für den Tempelkult zuständig, stellten den Hohepriester und lehnten den Hellenismus nicht streng ab. An die Möglichkeit einer Auferstehung glaubten sie nicht.
  - Die elitäre Gemeinschaft der **Essener** („wahres Israel") wollte rein sein, d.h. frei von Krankheit und Sünden. Sie lebten abgeschieden, grenzten sich von fremden Kulturen und vom Tempelkult massiv ab. Sie glaubten an die Möglichkeit der Auferstehung.
  - Die **Pharisäer** glaubten an die Auferstehung und ein Endzeitgericht. Mit ethischen und kultischen Normen versuchten diese Schriftgelehrten und Laien (keine Priester), das jüdische Volk im Alltag zu beeinflussen und vom Hellenismus fernzuhalten.
  - Die **Zeloten** unter Judas Galilaios gingen in den aktiven Widerstand gegen die römischen Besatzer und weigerten sich, Steuern zu zahlen. Der Jünger Simon war wohl Zelot. Sie haben den jüdischen Krieg gegen die Römer ausgelöst.
  - **Johannes, der Täufer** forderte zur Umkehr und Reinigung auf und taufte seine Anhänger als Zeichen der Erneuerung. Er verkündete ein göttliches Gericht (→ S. 96).

Das Selbstverständnis Jesu

- Jesus selbst hat keine Schriften hinterlassen. Wir kennen Jesu Aussagen nur aus Quellen, deren Verfasser keine Augenzeugen waren.
- Jesus verkündete das Reich Gottes, nicht sich als Christus (→ S. 102): „Die Zeit ist erfüllt, das Reich Gottes ist nahe. Kehrt um und glaubt an das Evangelium." (Markus 1,15)
- Jesu Auftreten erinnert an die Sprache der Rabbiner (= Lehrer der jüdischen Religion): Er sammelte Jünger um sich, verkündete das Nahen der Gottesherrschaft und bezog sich wie die Rabbiner auf die Tora: „Es steht geschrieben..."
- Jesus unterscheidet sich aber auch von den Rabbinern:
  - Er beanspruchte, Gottes Wort neu zu verkünden. Er stand ein für die Glaubwürdigkeit der Verkündigung (Mk 1,22–27).
  - Er beanspruchte, nach Gottes Willen zu handeln (Vollmachtsanspruch): „Ich aber sage euch..." (Mt 5,21 f. → S. 127).
  - Er suchte Kontakt zu Verstoßenen, Unreinen und Sündern wie Zöllnern, Geldwechslern, Prostituierten ... (Mk 2,13–17). Von einer Sünderin ließ er sich die Füße salben (Lk 7,36–50).
  - Frauen gehörten selbstverständlich zu seinem Kreis, er zeigte nicht das übliche patriarchale Denken seiner Zeit (Lk 8,1–3 → S. 134).
  - Der Kern seiner Botschaft lautete: Gottes Liebe gilt allen Menschen (Mt 5,45 f.).
  - Er legte die Tora nicht buchstabengetreu aus wie fromme Juden, sondern im Sinne der Menschen. Dazu gehörte, dass die Tora nicht wortgetreu beachtet werden muss (Mt 5,17–20).
- **Die Selbstdeutung seines Todes**: Er hat mit seinem Tod gerechnet und diesen gedeutet im Sinne von Jesaja 53: „Das ist mein Blut des Bundes, das für viele vergossen wird." (Mk 14, 24)

Christologie

- Die „Christologie" ist in der Theologie die Lehre von der Person und Bedeutung von Jesus von Nazareth. Man unterscheidet explizite und implizite Christologie:
- **Explizite Christologie**
  - In den Schriften, die von Jesus erzählen, werden Hoheitstitel (→ S. 101) für ihn verwendet. Durch die Verwendung dieser Titel wie „Sohn Gottes" oder „Messias" wird Jesus ausdrücklich, explizit, in einer besonderen Beziehung zu Gott gesehen.
  - Bei Jesus selbst finden sich keine Anzeichen für eine explizite Christologie, eindeutige Selbstbezeichnungen wie „Ich bin der Sohn Gottes" fehlen. Jesus verkündete das Reich Gottes, nicht sich selbst.
    Er benutzte höchstwahrscheinlich für sich keine Titel außer „Menschensohn" (Mk 2,10; 9,11).
- **Implizite Christologie**
  - Auch ohne dass er einen Titel für sich benutzt, wird Jesu besondere Stellung und sein Anspruch, Gottes Willen zu kennen offensichtlich (→ S. 99), nämlich implizit in seinem Verhalten und in seinen Worten.
  - Jesus geht souverän mit dem jüdischen Gesetz um, indem er sich über Einzelanweisungen hinwegsetzt und stattdessen betont, dass der Sinn eines Gesetzes die Richtschnur für das Handeln sein müsse, nicht die buchstabengetreue Gesetzesauslegung. Durch dieses Verhalten wird **implizit** deutlich, dass ihm bewusst ist, in einer besonderen Beziehung zu Gott zu stehen.
  - Auch in seinen Worten wird dieses Bewusstsein deutlich. Beispiele hierfür sind seine Antithesen „Es ist gesagt worden – ich aber sage euch" (Mt 5,21–48 → S. 99, 107) oder die Anrede „Abba" für Gott (Mk 14,36 → S. 96), auch „Vater unser" (Mt 6,9–13) und später die „Ich bin"-Worte im Johannes-Evangelium (→ S. 112).

Hoheitstitel

- Die Begegnung mit Jesus und die Erfahrung der Auferstehung machte die Frage immer dringlicher, wer dieser Jesus eigentlich war. Im gemeinsamen Gebet und Gottesdienst erfuhren die Jünger sich als „heil", als in der rechten Beziehung zu Gott. Sie erwarteten die baldige Ausweitung dieses Heils auf die Welt. Wer war er, dem man diese Erfahrung verdankte, und wie konnte man seine Bedeutung in Worte fassen? Die ersten Christen haben aus ihrer jüdischen und heidnischen Umwelt „Hoheitstitel" wie „Sohn Gottes" oder „Messias" übernommen und sie so umgeformt, dass sie auf Jesus passten. Diese Titel bezeugen, was er für sie bedeutete.

- **Sohn Gottes**
  - **Altes Testament**: Wenn dort vom „Sohn Gottes" die Rede ist, wird vom gesamten Volk gesprochen (Ex 4,22–23) oder vom König, er wird bei der Thronbesteigung von Gott durch Adoption als Sohn angenommen. Hier spricht Gott quasi am Tag der Thronbesteigung zum neuen König: „Mein Sohn bist du, heute habe ich dich gezeugt." (Ps 2,7)
  - In Ägypten: Seit ca. 2600 v. Chr. nennt sich der jeweiligen Herrscher „Sohn des Ra", der als Sonnengott der wichtigste Gott der ägyptischen Götterfamilie war.
  - In Griechenland: Menschen, denen man besondere Fähigkeiten zuschrieb, galten als Sohn eines Gottes. So schildert Plutarch, dass der wahre Vater Alexanders des Großen nicht Philipp, sondern der Göttervater Zeus gewesen sei.
  - **Im Neuen Testament** wurde zunächst die Auferstehung als der Zeitpunkt angesehen, an dem die Erhebung in die Stellung als Sohn Gottes erfolgt. Paulus spricht von Jesus, „der dem Geist der Heiligkeit nach eingesetzt ist als Sohn Gottes in Macht seit der Auferstehung von den Toten" (Röm 1,4). Im Evangelium nach Markus, das später entstand, wird Jesus bereits bei seiner Taufe als Sohn Gottes bestätigt (Mk 1,9–11). Und im nochmals später entstandenen Evangelium nach Johannes ist Jesus schon vor aller Zeit und Schöpfung der ewige Sohn Gottes, er nennt ihn den „einzigen Sohn vom Vater" (Joh 1,1–18).
  - Zunächst konnten diese verschiedenen theologischen Begründungen des Titels „Sohn Gottes" nebeneinander bestehen. Erst spätere Generationen erstellten eine systematische Lehre von Jesus, dem Sohn Gottes.

- **Messias**
  - „Messias“ bedeutet im Hebräischen „der Gesalbte“ (Joh 1,41). Die griechische Übersetzung lautet „Christos“, lateinisch „Christus“. In Israel wurden die Priester (Ex 28,41) und die Könige (1 Sam 10,1) bei ihrem Amtsantritt gesalbt und so in ein besonders enges Verhältnis zu Gott gestellt.
  - Im Alten Testament entwickelt sich die Vorstellung von einem Messias, der kommen wird, um Israel zu seiner alten (politischen) Größe zu führen und den Bund mit Gott mit neuem Leben zu füllen (Jes 11,1–16; Ez 34,23–31).
  - Diese Messias-Erwartungen wurden zur Zeit Jesu durch apokalyptische Vorstellungen (→ S. 168) verstärkt. Es gab unterschiedliche Messias-Erwartungen. Einige erwarteten eher einen königlichen Messias, der Israels alte politische Größe wiederherstellen würde (Zeloten, Apg 1,6 → S. 98, 104), andere eher einen priesterlichen Messias, der die endgültige Herrschaft Gottes auf Erden durchsetzen würde.
  - Die Verurteilung Jesu (→ S. 109) als „König der Juden“ lässt deutlich die politische Messias-Erwartung erkennen, die also bereits zu seinen Lebzeiten auf ihn angewendet wurde (Mk 15,26).
  - Die ersten Christen sahen in Jesus und seiner Auferstehung das endgültige Heil als gekommen an und Jesus als den erwarteten Heilsbringer. Sie brachten dies zum Ausdruck, indem sie ihn „Christus“ nannten und diesen Titel auf ihn übertrugen. Der Inhalt des Titels wurde allerdings neu bestimmt: Christus ist kein herrschender Messias, sondern ein gewaltloser, am Kreuz leidender und sterbender Messias. Er bringt das Reich Gottes nicht für eine auserwählte Gruppe, sondern für alle Menschen.
  - Der Titel „Messias“ wurde so sehr mit Jesus verbunden, dass er bereits zur Entstehungszeit des Neuen Testaments zum „Eigennamen“ Jesu wurde, der zunehmend „Jesus Christus“ genannt wird, ohne den Titel dabei noch zu reflektieren (Mk 1,1; Röm 1,6).

Gesetzes- und Kultkritik durch Jesus

- Jesus übte massive Kritik am Jerusalemer Tempelkult:
  - Er kündigte den Untergang des jüdischen Tempels und damit den Untergang des Volkes Israel an (Mk 14,58).
  - Er störte mit seinem Auftreten die rituellen Abläufe (Mt 21,12 f.). Der Tempel solle nicht der Ort der Geldwechsler und Händler sein, sondern ein Ort des Gebets.
  - Er kritisierte die Sadduzäer, die den Hohepriester stellten und mit den Römern kooperierten, und hinterfragte ihre politische und wirtschaftliche Bedeutung (Mt 22, 23–34 und 23,1 ff. → S. 109).
- Er nahm andererseits auch am Tempelkult teil:
  - Als Pilger besuchte Jesus den Jerusalemer Tempel (Mt 21,1–11).
  - Er bezahlte die Tempelsteuer und stellte dies seinen Jüngern frei (Mt 17,24–27).
  - Jesus lehrte auch im Tempel wie ein Rabbi (Joh 7,14).
- Er hielt sich an die Vorschriften der Tora:
  - Er sprach das Dankgebet vor dem Essen (Mk 6.21).
  - Er trug Quasten an der Kleidung (Mt 9,20).
  - Er forderte zur kultischen Reinigung auf (Mk 1,44).
  - Er schickte seine Jünger zum eigenen Volk, nicht zu anderen Völkern (Mt 10,5).
- Er stellte die Tora andererseits auch in Frage:
  - Er hob den ursprünglichen Sinn der Gebote hervor (Mk 7,1–13).
  - Er verschärfte die ursprünglichen Vorschriften (Mk 10,5).
  - Er passte die Gebote der Situation an (Mk 3,4).
  - Er betonte, dass die innere Einstellung bei der Befolgung der Gebote wesentlich sei (Mt 5, 21–37).
  - Jesus vermied nicht den Kontakt mit Unreinen (Mk 1,41).

Jesu Reich-Gottes-Botschaft

- In der jüdischen Vorstellungswelt wird Gott am Ende der Welt nach einem Endgericht Himmel und Erde erneuern, woraufhin eine Zeit des Heils anbricht. Der Mensch kann durch sein Verhalten und sein Gebet den Beginn beschleunigen.
  - Nach dem Babylonischen Exil (587 bis 538 v. Chr.) gingen die Juden davon aus, dass Gott Israel von der Fremdherrschaft befreien und Jerusalem Zentrum der Herrschaft Jahwes wird (→ S. 86).
  - Da Israel von den Römern unterdrückt wurde, glaubten viele Juden, dieses Ereignis stehe kurz bevor. Die Zeloten hofften, das Reich Gottes politisch durchsetzen zu können. Sadduzäer und Pharisäer erwarteten, Gott zu einer Befreiungstat bewegen zu können, indem sie die religiösen Vorschriften streng befolgten (→ S. 98).

- Auch in Jesu Vorstellung stand der Anbruch der Gottesherrschaft bevor (Mt 11,5). Er strebte aber kein neues Reich Davids an und plante nicht, die Römer zu vertreiben. Jesus forderte die Menschen zur Umkehr auf und ihm nachzufolgen (Mk 1,15; Lk 14,25–33). Das Reich Gottes befindet sich im Wachsen, wie es die Gleichnisse vom Senfkorn (Mt 13, 31 f.) oder vom Sauerteig (Mt 13,33) ausdrücken, und wird mit Christi Wiederkunft vollendet.
  - Seine Krankenheilungen waren Zeichen der lebensspendenden Kraft Gottes (Mk 5,1–10), die Rettungswunder Zeichen des göttlichen Beistands (Mk 4,35–41) und die Spendenwunder Zeichen der Güte Gottes (Mk 6,30–44). Auch veranschaulichen die Wunder den Anbruch des Reiches Gottes (→ S. 106).
  - Das Gleichnis vom Senfkorn (Mt 13) beschreibt eine neue Qualität des Lebens. Aus einem unscheinbaren Anfang wird eine neue Heimat, in der Menschen Geborgenheit finden (→ S. 105).
  - Jesus betonte, dass das Reich Gottes für alle Menschen da ist, auch für Randgruppen, weil Gottes Liebe bedingungslos ist, wie es das Gleichnis vom verlorenen Sohn (Lk 15,11–3) verdeutlicht. Es umfasst alle Dimensionen des Lebens wirtschaftlich, politisch, sozial, gesundheitlich, spirituell – alles wird gut und ideal.
  - Unter dem eschatologischen Vorbehalt versteht man, dass mit Jesus zwar das Heil angebrochen (Lk 17,21), aber noch nicht vollendet ist und auch nicht durch Menschen vollendet werden kann. Die letzte Vollendung geschieht durch Gott (→ S. 167).

Gleichnisse

- Alltägliche Erfahrungen werden zum Motiv für ein Gleichnis.
  - Das Gleichnis überbietet diese Alltagserfahrung und schafft Raum für die Vorstellung vom Reich Gottes, eine Alternative zur selbstverständlichen Erfahrungswelt der Menschen.
  - Gleichnisse arbeiten mit Bildern aus dem Alltag ohne direktes Eingreifen Gottes.
- Gleichnisse haben einen lehrhaften Charakter. Sie sollen unmittelbar einleuchten und beim Zuhörer Zustimmung bewirken.
  - Ein Sachverhalt wird mit einem Bild, einem ausgeführten Vergleich, veranschaulicht.
  - Zum Verständnis der Gleichnisse muss der Vergleichspunkt ("tertium comparationis") gefunden werden, der Bild- und Sachhälfte verbindet. Statt „tertium comparationis" spricht man heute eher von „Pointe" (Zielaussage), weil der Vergleichspunkt oft mehrdeutig ist und nicht auf eine Deutung begrenzt werden kann.
- In den Gleichnissen spricht Jesus vom Reich Gottes (→ S. 104), z. B.:
  - Das Reich Gottes beginnt klein: Gleichnis vom Senfkorn (Mk 4,30–32).
  - Es ist für alle offen: Gleichnis vom verlorenen Sohn (Lk 15,11–32), Gleichnis vom verlorenen Schaf (Lk 15,3–7).
  - Am Reich Gottes sollen alle mitarbeiten: Gleichnis vom anvertrauten Geld (Lk 19, 11–27).
  - Die soziale Fürsorge ist wichtiger als Kultvorschriften: Gleichnis vom barmherzigen Samariter (Lk 10,25–37).
  - Das Reich Gottes kann auch abgelehnt werden: Gleichnis von den bösen Weingärtnern (Lk 20,9–19).
  - Umkehr ist immer möglich: Gleichnis vom willigen und vom unwilligen Sohn (Mt 21,28–32).

Wundererzählungen

- Die Wunder Jesu sind Zeichen der anbrechenden Gottesherrschaft (→ S. 104). „Wenn ich aber die Dämonen durch den Finger Gottes austreibe, dann ist das Reich Gottes schon zu euch gekommen." (Lk 11,20) Zur Zeit Jesu waren Wunder alltäglich, göttliche und dämonische Phänomene ereigneten sich im Alltag. Wunder waren unerwartete, nicht erklärbare Veränderungen, die verwunderten.
    - Die Krankenheilungen zeigen die Leben schenkende Macht Gottes (Mk 10, 46–52).
    - Die Rettungswunder sind Zeichen des göttlichen Beistandes (Mt 4,35–41).
    - Die Geschenk- bzw. Speisenwunder veranschaulichen die Güte Gottes (Mk 6,30–44).
    - Dämonenaustreibungen (Mk 5,21–20) zeigen, dass es im Reich Gottes keine unbeherrschbaren Mächte mehr gibt.
    - Totenerweckungen (Mk 5,21–43) symbolisieren das Ende der Angst vor dem Tod.
    - Naturwunder (Mk 6,45–52) nehmen die Angst vor Naturgewalten.
    - Normenwunder dienen der Legitimation eines Rechtsbruchs (Lk 13,10–17), z.B. am Sabbat zu arbeiten.

- In der Antike gab es viele strukturell und motivisch ähnliche Wundererzählungen. Die Unterschiede zu den Wundern Jesu sind:
    - Jesus heilte nur durch sein Wort (Mk 3,1–6).
    - Die Geheilten wurden durch ihren Glauben geheilt (Mk 10,52).
    - Jesus vollbrachte keine Wunder für sich (Mk 15,30; Kreuzestod).
    - Er lehnte Schauwunder zur Demonstration seiner Macht ab (Mk 1,32–34,44).

- Rudolf Bultmann (* 1884; † 1976) hat die Bibel entmythologisiert. Er versteht die Wunder nicht historisch, sondern als Mythen, die nach dem Tod Jesu entstanden sind und die Botschaft vom rettenden, helfenden Gott zeigen sollen (→ S. 15, 93). Sie sind Glaubenszeugnisse der nachösterlichen Gemeinde: Jesus ist der Messias (→ S. 102).

Die Bergpredigt (Mt 5–7)

- Die Bergpredigt ist ein Text im Matthäus-Evangelium 5–7. Ihr Name erinnert an die Übergabe der Zehn Gebote an Mose auf dem Berg Sinai als Ort der Gottesnähe. Der Evangelist Matthäus hat sie zusammengestellt auf Grundlage des Markus-Evangeliums und einer weiteren Quelle Q (sogenannte Logienquelle = schriftlich tradierte Jesus-Sprüche). Der Evangelist Lukas veränderte die Bergpredigt in seiner Feldrede (Lk 6,20–49).

- Die Bergpredigt deutet die Tora im Sinne einer neuen Gerechtigkeit. Sie ist der wichtigste Text zur Ethik Jesu.
  - Jesu Aussagen können als innerjüdische Reformversuche gesehen werden. Er handelt wie Mose (Ex 19 bzw. Dtn 26) und interpretiert die Tora als Mensch, der mit göttlicher Vollmacht (Mt 7,28 f.) auftritt.
  - Jesu Ethik ist eine Individualethik (Nächstenliebe), keine Sozialethik, welche gesellschaftliche Strukturen verändern will (→ S. 140).
  - Wichtiger als das wortwörtliche Einhalten der Tora-Weisungen (→ S. 103) sind die innere Überzeugung und die persönliche Verantwortung (Mt 23,23).

- Wichtige Textstellen:
  - Die Seligpreisungen (Mt 5,2–11) sprechen den Menschen ohne Einschränkungen Erlösung zu, auch den Kranken und Armen, jetzt und nicht erst im Jenseits (Indikativ der Heilszusage). Als Folge können auch diese Menschen nach Gottes Maßstäben handeln (Imperativ der Heilszusage). Die Seligpreisungen stehen in der Tradition der alttestamentlichen Weisheitsliteratur.
  - Die Antithesen (Mt 5,21–48) heben den ursprünglichen Sinn der Gebote hervor gegenüber der rein formalen Befolgung. Sie stellen eine Abgrenzung zur Tora dar. Die Liebe Gottes zu den Menschen ist der Maßstab.
  - Im Zentrum der Bergpredigt steht das Vaterunser (Mt 6,7–13) → S. 35, 47, 96.
  - Die Kurzzusammenfassung der Ethik Jesu findet sich in dem Imperativ der „Goldenen Regel" (Mt 7,12). Dabei handelt es sich um eine Variation einer Formulierung aus dem Alten Testament (Tobit 4,15). Das Heil der Menschen soll jetzt verwirklicht werden, es ist schon angebrochen.

Die Inhalte der Bergpredigt und ihr Realitätsbezug

- **Inhaltliche Schwerpunkte der Bergpredigt:**
  - Feindesliebe: Das Ideal der Feindesliebe kannte schon die jüdische Tradition (Spr 24,1). Jesus radikalisierte das Gebot (Mt 5,43–48) und forderte Nächstenliebe auch und gerade dann, wenn man selbst davon keinen Vorteil hat (Mt 5,43–48).
  - Töten: Friedfertigkeit und Gewaltlosigkeit entsprechen Gottes Willen, die innere Haltung allein ist schon wichtig (Mt. 5,21–26).
  - Ehebruch: Die falsche innere Einstellung allein ist die Wurzel für den tatsächlichen Ehebruch (Mt 5,27–30).
  - Ehescheidung: (Mt 5, 31): Jesus bezieht auch die Männer ein, auch sie dürfen sich nicht scheiden lassen.
  - Schwören: Die Wahrheit sollte für einen Menschen selbstverständlich sein, weshalb es keinen Eid braucht (Mt 5, 33–37).
  - Gewaltverzicht: Man soll keine Vergeltung üben, auch dann nicht, wenn sie als gerecht empfunden wird (Mt 5,38–42–45).

- **Kann man die Bergpredigt leben und erfüllen?**
  - Martin Luther interpretierte die Bergpredigt als nicht erfüllbar von den Menschen, die noch nicht erlöst sind. Er spricht von den zwei Reichen: das Reich des Christen und der Welt.
  - Manchmal wird sie als Zwei-Stufen-Ethik gedeutet, erfüllbar für die Jünger und Mönche, nur Teile davon können von allen Christen erfüllt werden.
  - Albert Schweitzer versteht die Ethik der Bergpredigt vor dem Hintergrund der Naherwartung des Reiches Gottes. Der unmittelbare Anbruch ermöglicht die besondere Anstrengung aller Christen.
  - Manche sagen, im Vordergrund stehe nicht die Erfüllbarkeit, sondern die veränderte ethische Einstellung, ein neues Bewusstsein.
  - Die Friedensbewegung hat mit der Bergpredigt Einfluss auf die politische Theologie genommen und ihre radikale Umsetzung gefordert.

Der Prozess gegen Jesus und die Kreuzigung

- Die Passionserzählungen des Neuen Testamentes sind literarisch geformte Glaubenstexte. Was lässt sich als gesichert vom Prozess gegen Jesus rekonstruieren?
  - Jesus wird unter Pontius Pilatus, der von 26 bis 36 n. Chr. Statthalter des römischen Kaisers Tiberius war, zum Tod verurteilt und mit dem Tod am Kreuz bestraft.
  - Jesus befand sich in Jerusalem, um mit seinen Anhängern Pessach zu feiern.
  - Er wurde auf Betreiben jüdischer Autoritäten (der Hohe Rat unter der Leitung des Hohepriesters Kajaphas) verhaftet, weil er religiöse Kritik geübt hat. Er hatte den Tempelkult und die Geschäfte im Tempel kritisiert (→ S. 103). Auch sprach er vom Untergang des Tempels.
  - Jesus stellte die religiöse und politische Bedeutung sowie die wirtschaftliche Existenz der Sadduzäer in Frage.
  - Die Römer klagten ihn wegen Aufruhrs gegen die römische Besatzungsmacht an. An den jüdischen Streitereien waren sie eher nicht interessiert, daher musste Jesu Reich-Gottes-Botschaft (→ S. 104) von den Anklägern so missverstanden und umgedeutet werden, dass Jesus anstrebe, der neue König der Juden zu werden und die Römer zu stürzen. Dieser Anspruch lässt sich aber aus den überlieferten Texten des Neuen Testaments nicht ableiten.
- Jesus wurde zum Tod am Kreuz verurteilt:
  - Nach jüdischer Auffassung gibt Jahwe den Menschen auf, der am Kreuz stirbt. „Verflucht ist, wer am Holze hängt." (Dtn 21,23b)
  - Diese Form der Hinrichtung wurde von den Römern für Sklaven und Aufrührer gewählt. Sie diente der Abschreckung und war besonders grausam und langwierig. Der Sterbende wurde dem Spott der Schaulustigen preisgegeben. Er starb letztlich durch Ersticken, wenn er sich vor Erschöpfung nicht mehr aufrichten konnte, was Stunden bis Tage dauern konnte.
  - Jesus verstarb kurz vor dem jüdischen Pessachfest, am Rüsttag vor Sabbat (Markus-, Matthäus-, Lukas-Evangelium) bzw. am Vortag des Pessachfestes (Johannes-Evangelium).

Die Erfahrung der Auferstehung

- Aus den jüdischen Sondergruppen, die sich aus dem Freundeskreis um Jesus gebildet hatten, werden nach seinem gewaltsamen Tod Erzählgemeinschaften, die von dem Aufwachen aus dem Totenschlaf und von Erscheinungen des Auferstandenen berichten. Schon im Alten Testament ist von einer Auferweckung der Toten die Rede; die Vorstellung einer Auferstehung ist für die Zeitzeugen also denkbar (Makkabäer 2 und Daniel 12,1–3).
- In diesen Textgattungen des Neuen Testaments wird von der Auferstehung berichtet:
  - Bekenntnisformeln: Christus [...] ist auferweckt worden gemäß der Schrift (1 Kor 15,3–5),
  - Geschichten vom leeren Grab (Joh 20, 1–10),
  - Erscheinungserzählungen: Emmaus (Lk 24,13–35); Maria Magdalena (Joh 20,11–18), Thomas (Joh 20,24–29),
  - Christi Himmelfahrt als Legende (Apg 1,9–11),
  - Visionen: Christus als blendende Lichterscheinung (Apg. 9).
- Die **Bedeutung** der Auferstehung im Neuen Testament:
  - Jesus stellt seinen Anhängern eine himmlische Mahlgemeinschaft in Aussicht (Mt 26,29). Er verheißt am Kreuz einem Mann, der mit ihm gekreuzigt wurde, das Paradies (Lk 23,43).
  - Paulus spricht von einer leiblichen Auferstehung (1 Kor 15,37). Die Auferstehung ist das Zentrum des christlichen Glaubens (1 Kor 15,14). Jesus ist für die Sünden der Menschen gestorben (1 Kor 15) → S. 113. Paulus rechnet mit der baldigen Wiederkunft Christi (Parusie) und der Auferweckung aller Christen zum ewigen Leben (1 Thess 4,15).
  - In der Offenbarung des Johannes wird Jesus bezeichnet als „der Erstgeborene von den Toten" (Offb 1,5). In einem „neuen Himmel und einer neuen Erde" wird der Tod überwunden (Off 21, 1–4).

- Kritiker zweifeln an der Auferstehung als reales Ereignis und wenden dagegen ein:
  - Jesu Leiche ist weggeschafft worden oder er war nur scheinbar tot.
  - Die Berichte sind eine Vision des Petrus als Kompensation seiner Schuldgefühle, da er ihn verleugnet hatte.
  - Die Auferstehungsberichte sind eine Wunschvorstellung der Jünger, eine erfundene Geschichte, eine Massensuggestion.
- Glaubwürdig an den Auferstehungsberichten ist:
  - Die Jünger verändern ihr Verhalten dauerhaft, ihre Enttäuschung weicht der Motivation zur Verkündigung.
  - Sie engagieren sich als Missionare, auch unter Lebensgefahr.
- Nach der wissenschaftlichen Bibelauslegung sind diese Erzählungen als Glaubensüberlieferung zu verstehen. Der getötete Jesus bleibt über seinen Tod hinaus gegenwärtig in der Gemeinschaft seiner Anhänger.

Der messianische Anspruch in den Ich-bin-Worten

- Die Heilsbedeutung Jesu Christi wird in seinen Ich-bin-Worten deutlich (→ S. 102). In Jesus offenbart sich Gott selbst, er ist die Erscheinung Gottes. Das zeigt sich z.B. in der Selbstoffenbarung, als Jesus über den See Genezareth geht (Seewandel Mk 6,52).
- Insbesondere in den Ich-bin-Worten des Johannes-Evangeliums findet sich die Bedeutung von Jesus als Messias: „Ich bin das Brot des Lebens" (Joh 6,35), „... das Licht der Welt" (Joh 8,12), „... die Tür" (Joh 10,9), „... der gute Hirte" (Joh 10,14), „... der wahre Weinstock" (Joh 15,5). Jesus ist von Gott geschickt, um den Menschen das Heil zu bringen:
  - Brot und Wein sind die Nahrung der Menschen, Jesus selbst ist diese Nahrung.
  - Jesus erhellt die Dunkelheit und führt die Menschen ins Licht des Glaubens.
  - Jesus ist die Tür ins Reich Gottes. Jesus als ausschließlicher Heilsweg wird hier besonders betont: "niemand kommt zum Vater, denn durch mich." (14,6) Jesus ist der Weg zum Leben, weil in ihm die Wahrheit und das Leben liegen.
  - Jesus ist der ausschließliche Heilsweg: „Ich bin der Weg und die Wahrheit und das Leben; niemand kommt zum Vater außer durch mich." (Joh 14,6) Er ist der Weg zum Leben, weil in ihm die Wahrheit und das Leben liegen.
  - Er überwindet den Tod und zeigt den Weg ins ewige Leben. Allein Jesus Christus schenkt durch den vom Heiligen Geist (→ S. 50) vermittelten Glauben die Gewissheit, dass Gott barmherzige Liebe ist. So verlieren Tod und Gericht ihren Schrecken.
- Die Ich-bin-Worte knüpfen an die Selbstoffenbarung Jahwes gegenüber Mose an: „Ich bin der, ich bin." (Ex 3,14). Sie sind wohl aus der Erinnerung der nachösterlichen Gemeinde entstanden und nicht direkt auf Jesus zurückzuführen.
- Die Ich-bin-Worte konzentrieren sich anders als die Gleichnisse auf wenige Symbole: Brot, Licht, Türe, Hirte, Weinstock und Ideale wie Wahrheit und Leben.

Die mittelalterliche Satisfaktionslehre

- Die mittelalterliche Satisfaktionslehre (Satisfaktion meint hier Ausgleich) wurde formuliert von Anselm von Canterbury (* um 1033; † 1109) und geht auf Paulus (Röm 5,12–21; Phil 2,9) und Augustinus (* 354; † 430) zurück. Sie versuchte, für die Menschen des Mittelalters zu beantworten, was es heißt, Jesus sei für uns gestorben.
  - Demnach haben die Stammeltern Adam und Eva gesündigt, diese Sünde wurde an alle Menschen weitergegeben. Jesus ist gekommen, um diese Erbsünde mit seinem Tod am Kreuz zu sühnen.
  - Die Sünde hat die Ehre des allmächtigen Gottes verletzt.
  - Ein Mensch konnte für diese Schuld nicht büßen, weil er nicht auf dem gleichen Rang wie Gott steht. Gott hätte seine Ehre wiederherstellen können, wenn er die Menschen getötet hätte. Das hätte aber der göttlichen Gnade widersprochen.
  - So gab es ein Dilemma zwischen der Wiederherstellung der Gerechtigkeit und dem Grundsatz der Gnade.
  - Nur ein Mensch, der zugleich Gott ebenbürtig ist, konnte Genugtuung leisten. Daher wurde Gott in Jesus Christus Mensch und konnte durch den Tod am Kreuz seine Ehre und die Ehre der Menschen wiederherstellen. Er konnte so nach den Grundsätzen der Gnade und Gerechtigkeit handeln. Alle Menschen werden durch den Tod Jesu am Kreuz mit Gott versöhnt und erlöst.
  - Die Kunst spiegelte diese Frömmigkeit wider: Bilder vom Schmerzensmann, die Pietà, Kreuzigungsszenen, Grablegungen dominieren die religiösen Ausdrucksformen.
  - Die Satisfaktionslehre schien für die Menschen des Mittelalters einleuchtend zu sein. Sie prägt jedoch auch heute noch häufig die Vorstellungen von Gläubigen, trotz aller Einwände gegen diese Lehre. Sie reduziert das Leben Jesu auf seinen Tod und dessen Stellvertreterfunktion. Dabei kommt zu kurz, dass schon die Evangelien betonen, dass Jesus v.a. für uns Menschen gelebt hat und mit seiner Botschaft einen neuen Zugang zu Gott als liebendem Vater eröffnet hat.

Was kann „Jesus ist für uns gestorben“ bedeuten?

- Die ersten Anhänger Jesu versuchten, sich und den Zeitgenossen seinen Tod zu erklären. Sie beriefen sich dabei auf alttestamentliche Traditionen, in denen der Opfergedanke verankert war. Dieser Opfergedanke erfuhr durch das Leben und Schicksal Jesu jedoch eine vollkommen neue inhaltliche Ausgestaltung. Deshalb ist zwar die Vorstellung von Jesu Tod als Opfer auch im Neuen Testament vorhanden, z.B. bei Paulus (Eph 5,1 f.). Es geht dabei aber um Gottes Liebe zu uns, nicht um einen zornigen Gott.

- Ähnlich findet sich im Neuen Testament auch der Ansatz, den Tod Jesu als Liebeshingabe Gottes zu verstehen: „Denn Gott hat die Welt so sehr geliebt, dass er seinen einzigen Sohn hingab, damit jeder, der an ihn glaubt, nicht verloren geht, sondern ewiges Leben hat.“ (Joh 3,16) Im Leben und Sterben Jesu zeigt sich die Liebe Gottes zu den Menschen und seine Solidarität mit den Leidenden. Gott muss nicht durch ein Opfer versöhnt werden, vielmehr ist es genau umgekehrt: Er schenkt seinen Sohn und zeigt in Jesus, wie weit seine Liebe reicht.

- Dadurch hat sich nach Walter Kasper (*1933, emeritierter Theologieprofessor und Kardinal) etwas Neues in der Geschichte ereignet: „Die Liebe Gottes ist […] in reiner Gestalt in der Person und dem Leben eines Menschen erschienen.“ Jesus hat so den Teufelskreis des Bösen, Unheilvollen, dem jeder Mensch in seinem Leben ausgesetzt ist, durchbrochen, was nicht ohne Auswirkung für andere Menschen geschah, da alle Menschen schicksalhaft zusammengehören – in der Vergangenheit, Gegenwart, Zukunft. In diesem Sinne kann man auch sagen, Jesus ist „für uns“, für die Menschen aller Zeiten, gestorben.

- Anselm Grün: „Gott braucht nicht den Tod Jesu, um uns vergeben zu können. Er vergibt, weil er uns liebt […]. Wir müssen uns vor dem magischen Missverständnis hüten, als ob der Tod Jesu notwendig war, damit Gott uns vergeben könne. […] Gott hat schon vor dem Tod Jesu am Kreuz Menschen ihre Sünden vergeben, […] aber offensichtlich braucht der Mensch das Bild des Kreuzes, um an die Vergebung durch Gott glauben zu können. […] Seine Selbstverurteilung hindert ihn daran, an die Vergebung zu glauben.“

- Jesu Tod ist Heilszuspruch. Er ist aber auch Anspruch, sich wie Jesus im Sinne des Evangeliums auf die Mitmenschen einzulassen und auf Gott – auch in den dunkelsten Stunden des Lebens.

Die reformatorische Sichtweise auf Jesus Christus

- Nach Ansicht von Martin Luther (* 1483; † 1546) und Johannes Calvin (* 1509; † 1564) gilt: „Solus Christus", also nur Christus ist der Mittler zwischen Gott und den Menschen.
  - Gott und Mensch tauschen ihre Eigenschaften aus in der einen Person Jesus Christus. Der Gott, der sich ins sterbliche Menschsein erniedrigt, ist der wahre Gott; der wahre Mensch sei der Gekreuzigte, der sich an Gottes Seite erhöht.
  - „Einer ist Gott, einer auch Mittler zwischen Gott und den Menschen: der Mensch Christus Jesus" (1 Tim 2,5). Die evangelische Kirche grenzt sich mit dieser Position von der Heiligen- und Marienverehrung der katholischen Kirche ab.
  - Auch sind die Menschen nicht beteiligt am Heilswerk Gottes. Die kirchliche Hierarchie und der Priester als Vermittler verlieren so an Bedeutung. Allein im gekreuzigten Jesus Christus erfährt der Mensch die Vergebung seiner Sünden.
- **Warum hat Jesus Christus bei Luther eine besondere herausgehobene Stellung?**
  - Luther schreibt als Professor für biblische Theologie in seiner Vorrede zum Jakobusbrief: „Und darin stimmen alle rechtschaffenen, heiligen Bücher überein, daß sie allesamt Christus predigen und treiben. Das ist auch der rechte Prüfstein, alle Bücher zu beurteilen, wenn man siehet, ob sie Christus treiben oder nicht."
  - Im Gekreuzigten verwirklicht sich die Erlösung und offenbart sich Gott – weniger in der Schöpfung, die für Christen prinzipiell auch als Quelle der Offenbarung Gottes gilt. Wichtig ist Luther, dass Jesus Mensch war und Gott bei diesem Menschen ist.
  - Die Beziehung zu Christus ermöglicht die unverdiente Gnade Gottes allein aus dem Glauben.
  - Bedeutung hat für ihn auch das apostolische Glaubensbekenntnis mit der christologischen Definition: Jesus Christus ist wirklicher Sohn Gottes und wirklicher Mensch.
  - Als Folge der historisch-kritischen Exegese wird diese Sicht im modernen Protestantismus teilweise in Frage gestellt.

Das Zweite Vatikanische Konzil zum Verhältnis vom Judentum zum Christentum

- Das Dokument „Nostra aetate" des Zweiten Vatikanischen Konzils (1962–1965) ist dem Verhältnis zum Judentum und anderen Religionen gewidmet.
- „Nostra aetate" ist eine Reaktion auf antijüdische Traditionen, die den Juden die Schuld am Tod Jesu zusprachen, was durch die Liturgie und Predigten immer wieder neue Nahrung erhielt.
- Aus „Nostra aetate":
  - Das Judentum steht dem Christentum von allen Religionen am nächsten.
  - Auf der Grundlage des Briefes des Apostels Paulus an die Römer (Röm 9–11) hebt das Zweite Vatikanische Konzil hervor, dass die Juden die Offenbarung des Alten Bundes erfahren haben.
  - Christus ist „dem Fleisch nach" (Röm 9,5) aus dem jüdischen Volk geboren. Seine Mutter Maria, sein Vater Josef und die Apostel gehören zum jüdischen Volk. Jesus selbst war Jude.
  - Die Kirche werde getragen von der „Wurzel des edlen Ölbaums" (Röm 11, 17), womit das Judentum gemeint ist: „Nicht du trägst die Wurzel, sondern die Wurzel trägt dich." (Röm 11,18)
  - Nur einige führende Vertreter des Judentums haben den Tod Jesu gefordert. Weder das ganze Volk der Juden damals noch heute kann für den Tod Jesu verantwortlich gemacht werden.
  - Juden und Christen haben gemeinsame Wurzeln. Das Konzil möchte daher, „da also das Christen und Juden gemeinsame geistliche Erbe so reich ist [...], die gegenseitige Kenntnis und Achtung fördern, die vor allem die Frucht biblischer und theologischer Studien sowie des brüderlichen Gespräches ist".

Die biblischen Grundlagen der Kirche

- Der französische Theologe Alfred Loisy (* 1857; † 1940) formulierte den bekannten und häufig zitierten Satz: „Jesus kündigte das Reich Gottes an und gekommen ist die Kirche."

- In der Bibel gibt es keinen Hinweis, dass Jesus explizit eine Kirche gegründet hat. Er erwartete den Anbruch des Reich Gottes (→ S. 104) und wollte das Volk einigen. Die Menschen sollten ihr Leben ändern. Die Endzeitbotschaft stellte eine Erneuerungsbewegung innerhalb des Judentums dar. Das Zweite Vatikanische Konzil spricht hier jedoch von einer Kirchengründung.

- Doch auch Ansätze einer Gemeinschaftsbildung sind schon in den Evangelien erkennbar. Die **kirchenstiftenden Akte** Jesu sind:
  - Jesus sammelte Mensch um sich und lebte mit ihnen gemäß der Gottesherrschaft. Er setzte sich für Menschen am Rand der Gesellschaft ein. Jesus berief Jünger.
  - Jesus feierte sein letztes Mal an Pessach mit ihnen (LK 22,15) und gab den Auftrag: „Tut dies zu meinem Gedächtnis." (Lk 22,19 und 1 Kor 11,24) In der christlichen Mahlfeier kommen Christen diesem Auftrag bis heute nach.
  - Die Gruppe festigte sich durch die Erfahrung der Auferstehung und der Geistsendung.

- Jesu **Einsatz für Menschen** am Rande der Gesellschaft (Diakonie) als Vorbild für die Kirche:
  - Armenfürsorge haben auch die Juden praktiziert (Dtn 15,4 f.).
  - Jesus nahm sich der Menschen an, die von der Gesellschaft abgelehnt wurden: Kranke, von Dämonen Besessene, Blinde, Zöllner sowie Sünder. Er vergab Sünden und heilte Menschen. Er repräsentiert die Liebe Gottes zu allen Menschen.
  - Die Kirche verwirklicht die Nachfolge Jesu in ihrem karitativen Handeln.

Die Grundvollzüge der Kirche

- Die Kirche kennt verschiedene Grunddienste (Grundvollzüge), in denen sie im Auftrag Jesu handelt. Zum Wesen der Kirche gehören:
- **Martyria** (griech. Zeugnis): Verkündigung, Zeugnis geben
  - „Darum geht und macht alle Völker zu meinen Jüngern; tauft sie auf den Namen des Vaters und des Sohnes und des Heiligen Geistes und lehrt sie, alles zu befolgen, was ich euch geboten habe." (Mt 28,19 f.)
  - Martyria meint das Hören und Verkünden des Evangeliums, beispielsweise in Form der Predigt, im Unterricht, in kirchlichen Lehräußerungen, Bildungsangeboten, der Erwachsenenbildung.
  - Martyria, das ist der bezeugte Glaube.
- **Leiturgia** (griech. Kult): Gottesdienst, Sakrament, Gebet
  - Neben der Eucharistiefeier gibt es viele anderen Formen der Liturgie: das persönliche und gemeinschaftliche Gebet, Andachten, Wortgottesdienste, Meditationen, Wallfahrten.
  - Liturgie bedeutet auch die Feier der Sakramente.
  - Liturgia, das ist der gefeierte Glaube.
- **Diakonia** (griech. Dienst): Werke der Nächstenliebe
  - Jesus hat sich um Arme, Kranke, Ausgestoßene gekümmert.
  - Individuelle Formen sind ebenso bedeutend wie institutionalisierte Formen, etwa von der Caritas oder von Misereor.
  - Diakonia, das ist der angewandte Glaube.
- **Koinonia** (griech.): Gemeinschaft
  - „Wo zwei oder drei in meinem Namen versammelt sind, da bin ich mitten unter ihnen." (Mt 18,20)
  - Sie verwirklicht sich etwa in Jugendverbänden, bei Pfarrfesten und Kirchentagen, immer wenn Glaube Gemeinschaft stiftet.
  - Koinonia, das ist der gemeinsam gelebte Glaube.

Von der Urgemeinde zur Urkirche

- Das Leben der **Urkirche**:
  - Es gab mehrere verstreute Gemeinden und Kleingruppen ohne feste Institution. Merkmale: Teilnahme am jüdischen Tempelkult, Beachten des jüdischen Gesetzes. Lokal unterschiedliche Jesus-Erinnerungen/ Erzählungen. Erwartung des nahen Weltendes (→ S. 168). Die Taufe wurde als Aufnahmeritus und Zeichen der Abkehr vom alten Leben praktiziert. Feier der Eucharistie als Gedächtnismahl und Erfahrung der Gemeinschaft mit dem Auferstandenen.
- Es gab von Anfang an zwei **unterschiedliche Gemeindetypen**:
  - Hebräer: palästinensische Juden mit aramäischer Sprache
  - Hellenisten: Juden in der Diaspora (griechischsprachiges Gebiet außerhalb Palästinas); sie wurden aus Jerusalem vertrieben (Apg 8,1), weil sie die Tempel- und Gesetzeskritik Jesu hervorhoben (→ S. 103). Außerhalb Palästinas praktizierten die Hellenisten ein Christentum ohne Einhaltung des jüdischen Gesetzes und ohne Beschneidung. Sie nahmen auch Nicht-Juden in ihre Gemeinden auf.
  - Auf dem Jerusalemer Apostelkonzil (Apg 15, ca. 48/49) erhielt Paulus dafür die Zustimmung der Ältesten. Dies war der Beginn des Christentums als Weltreligion – als eigene Religion neben dem Judentum.
- Am Anfang gab es **keine festen Ämter**:
  - Das Ausbleiben des Gerichts und das Wachsen der Gemeinden führten zu den charismatischen Gemeinden des Urchristentums, in welche die Mitglieder ihre Begabungen (1 Kor 12) einbrachten.
  - Jüdisch geprägte Gemeinden wurden von einem Kollegium von Presbytern (Ältesten) geleitet. Hellenistische Gemeinden nannten ihre Leiter Episkopen (griech. „epískopos“ = Aufseher). Diese Begriffe, von denen sich die Titel „Priester“ und „Bischöfe“ ableiten, bezeichneten zunächst das gleiche Amt. Der Titel „Episkopus“ wurde seit Beginn des zweiten Jahrhunderts zunehmend für die Sprecher der Versammlungen verwendet. Die Diakoninnen und Diakone (griech. „diákonos“ = Diener) waren für die Sozialarbeit zuständig.

- **Gemeindemodelle** im Neuen Testament:
  - Charismatische Boten des Auferstandenen gründen Hausgemeinden (Lk 10, 1–12).
  - Jerusalem, die Heilige Stadt Israels mit dem Tempel, bleibt Zentrum der Bewegung (1 Kor 15, 5–8; Gal 2, 9, Apg 20, 1–6). Die Tradition, ein Zentrum beizubehalten, begründet später Rom als Zentrum der katholischen Kirche (→ S. 121).
  - Für Johannes ist die Gemeinde der Ort, an dem der Geist Gottes wirkt (Joh 14, 16 ff; Joh 15, 12).
  - Die Gemeinde vor Ort als „Leib Christi“ findet sich bei Paulus (1 Kor 12, 1 Kor 10, 17).
  - Die Gemeinde erscheint als patriarchalisch geordnetes Haus Gottes (1 Tim 3, 15, 1 Tim 3, 4, Eph 4, 7–16).

Institutionalisierung des Glaubens

- Ob die Institutionalisierung des Christentums der Intention Jesu entspricht, darüber wird bis heute diskutiert.
- Die **Vorteile** der Institutionalisierung als Kirche sind:
  - Die Weitergabe des Glaubens ist gezielt möglich.
  - Soziale Strukturen lassen die christliche Gemeinschaft erleben.
  - Die Christen können als Interessensgruppe im Staatsgefüge auftreten.
  - Die Religion kann vor Missbrauch geschützt werden.
- **Nachteile** der kirchlichen Strukturen können sein:
  - Geld und Ämter beinhalten die Gefahr des Missbrauchs.
  - Die Tradition kann zu Erstarrung führen und Erneuerungsbewegungen können abgelehnt werden, auch wenn sie mehr als das Bestehende den Geist des Evangeliums und die Intentionen des Gründers beinhalten.

Das Christentum wird Staatsreligion

- Kaiser Konstantin stellte das Christentum 313 n. Chr. den anderen Religionen gleich. Damit endeten die Verfolgungen der Christen, im Römischen Reich herrschte Religionsfreiheit.
  - Die Kirchen waren nun erbberechtigt.
  - Die ersten monumentalen Kirchenbauten wurden im Stil einer antiken Basilika errichtet, z. B. in Rom, Konstantinopel, Trier, Jerusalem, Betlehem.
  - 321 erklärte Konstantin den „Tag des Sonnengottes" zum wöchentlichen Ruhetag.
  - Die Priester erhielten höfische Privilegien und wurden mit der Gerichtssprechung beauftragt.
  - Kaiser Konstantin griff in kirchliche Streitigkeiten ein und berief das Konzil von Nicäa ein (→ S. 51).
- Kaiser Theodosius erhob das Christentum 391 n. Chr. zur Staatsreligion und verbot andere Religionen (damit wurde die Religionsfreiheit abgeschafft). Bis zur Mitte des vierten Jahrhunderts passte sich das Christentum vermehrt dem kulturellen Umfeld an. Es prägte aber auch sein Umfeld:
  - Die Kreuzigung als Tötungsmethode wurde abgeschafft.
  - Gladiatorenkämpfe wurden verboten.
  - Neugeborene durften nicht mehr ausgesetzt werden.
  - Die außereheliche Lebensgemeinschaft wurde untersagt, die Scheidung erschwert.
  - Sklavenfamilien durften nicht mehr auseinandergerissen werden.
- In den Provinzhauptstädten (Metropolen) konzentrierte sich die kirchliche Verwaltung. Die Kirche wurde zur Reichskirche.
  - Die Bischöfe der Metropolen (Metropoliten) leiteten Synoden, in denen Glaubensfragen behandelt wurden.
  - Es entstanden fünf Patriarchate: Rom, Jerusalem, Konstantinopel, Antiochia und Alexandria. Die Leiter hießen Patriarchen und waren besonders angesehen.

Die apostolische Nachfolge bzw. Sukzession

- Der **Aufruf zur Nachfolge an alle Christen**
  - Jesus forderte die Menschen auf, ihm zu folgen und ihre Familie, ihre Heimat und ihren Besitz zu verlassen und mit ihm das Reich Gottes zu verkündigen (Mt 1,17; 2,14; 4,19; 9,9).
  - Die Ostererfahrung (Auferstehung und Begegnungen mit dem Auferstandenen) ließ die Enttäuschung über Jesu Tod in eine neue Begeisterung umschlagen (→ S. 110).
  - Bis heute stehen Menschen in der Nachfolge Jesu und verkündigen die Botschaft Jesu. Dabei haben sich auch verschiedene Ämter herausgebildet.

- **Bischofsamt**: Die Berufung der zwölf Apostel gilt als Einsetzung des Bischofsamtes. Die katholischen Bischöfe verstehen sich als ununterbrochene Nachfolger der von Jesus berufenen Apostel (Mk 3,13–19) bis heute (apostolische Sukzession).

- **Papstamt**: Hat Jesus die Kirche auf dem „**Fels Petrus**" gegründet? (Mt 16,18).
  - Es ist unter den Bibelforschern umstritten, ob es sich hierbei um ein echtes Jesus-Wort handelt. Im Weltkatechismus wird gesagt, dass Jesus die Kirche auf dem Glauben gegründet hat, den Petrus als erster bekannt hat.
  - Petrus hatte in der Urgemeinde zusammen mit seinem Bruder Jakobus eine gewisse moralische Autorität, die aber nicht als juristisches Amt zu verstehen ist. Er war der Apostel Roms.
  - Rom wurde noch am Ende des ersten Jahrhunderts von einem Presbyterium (Gruppe von Ältesten) geleitet, der erste bekannte Bischof von Rom war Viktor I. († 199).
  - Bischof Stephan I. († 257) von Rom wurde in Afrika bei einem Streit über die Gültigkeit der Taufe, wenn sie von Häretikern gespendet wird, gehört, was für seine Autorität steht.
  - Ab dem vierten Jahrhundert spielte es eine Rolle, dass Rom als Reichshauptstadt ein gewisses Ansehen genoss. Papst Zosimus I. († 418) bestätigte formal die Synodenbeschlüsse von Karthago (418). Zuvor fanden die wesentlichen Konzilien in der griechisch geprägten Ostkirche statt (Nicäa, Konstantinopel, Ephesus und Chalcedon) und Rom stimmte jeweils zu.

Mönchtum und Ordensgemeinschaften

- Die Christen übernahmen im zweiten Jahrhundert aus dem nichtchristlichen Umfeld die **Askese**. Darunter versteht man eine Lebensweise, in der Verzicht geübt wird, z. B. auf Besitz, Ehe, Kultur, Komfort, Speise, Trank, Schlaf usw. In der Reichskirche vermissten viele Christen die kompromisslosen Formen des Christentums. Daher wurde das Ideal der Askese sehr erfolgreich.
  - Die Askese wurde von dem Einsiedler Antonius (* um 251; † 356) aufgegriffen und zu einer neuen Form der christlichen Lebensweise gestaltet.
  - Pachomius (* um 292/298; † 346) gründete die ersten christlichen Klöster, in denen Mönche gemeinsam lebten.
  - Basilius von Cäsarea (* um 330; † 379) integrierte das Mönchtum theologisch, spirituell und rechtlich in die kirchlichen Strukturen.
- Im Laufe der Kirchengeschichte entstanden zahlreiche unterschiedliche **Ordensgemeinschaften**, beispielsweise:
  - Benedikt von Nursia (* um 480; † 547) hat die bis heute gültigen Regeln der Benediktiner entwickelt. Das Leben der Mönche soll von Gebet und Arbeit bestimmt sein („ora et labora").
  - Franz von Assisi (* 1181/1182; † 1226) gründete die „Fratres Minores" (geringe Brüder) und predigte der gesamten Schöpfung Gottes Liebe. Bekanntestes Zeugnis hierfür ist sein Gebet „Der Sonnengesang". Er reformierte die Kirche durch den Gedanken der gelebten Armut und gilt als Vorbild für das Verhältnis des Menschen zur Natur.
  - Klara von Assisi (* 1193/1194; † 1253) hat nach dem Beispiel des Franz von Assisi einen weiblichen Orden gegründet.
  - Ignatius von Loyola (* 1491; † 1556) ist der Gründer des Jesuitenordens (Gesellschaft Jesu). Er verfasste die „Geistlichen Übungen" (Ignatianischen Exerzitien) als vierwöchigen Kurs zu einem persönlichen Weg zu Gott. Ignatius stellte sich in den Dienst der Gegenreformation und wollte evangelisch gewordene Gebiete wieder katholisch machen. Der Orden verzichtet auf Klöster, Chorgebet und Ordenstracht, ist straff organisiert und direkt dem Papst unterstellt. Die Mitglieder studieren Theologie, Philosophie und meist noch ein weiteres Fach.

Die Mission

- Jesus beauftragte die Jünger, den Glauben zu verkünden (Mt 28, 19 f.).
- In den Anfängen war es für die Verbreitung des christlichen Glaubens wichtig, dass die griechische Sprache verwendet wurde und die Mission auch Nichtjuden umfasste. Auf dem Apostelkonzil in Jerusalem ca. 48/49 (Apg 15,1–35) wurde beschlossen, dass man nicht Jude werden muss, um Christ zu sein. Frauen und Sklaven wurden als Teil der christlichen Gemeinden akzeptiert (→ S. 119).
- Ab der Erhebung des Christentums zur Staatsreligion (391) wurde der Glaube auch mit Gewalt durchgesetzt (→ S. 121).
- Christliche römische Soldaten brachten den Glauben nach England. Von dort gelangte er durch Patrick (385 bis 461) nach Irland. Ab dem sechsten Jahrhundert missionierten iro-schottische Mönche in West- und Mitteleuropa. Im achten Jahrhundert missionierte Bonifatius (* um 673; † 754/755) in Germanien.
- Mittel- und Südamerika wurde seit 1520, zuerst von den Franziskanern, dann auch von anderen Orden, christianisiert. Massentaufen wurden durchgeführt, motiviert vom Gedanken, dass nur die Taufe das ewige Leben schenke. Die Jesuiten missionierten in Indien und China, aber mit wenig Erfolg (→ S. 123).
- Im 19. Jahrhundert lag ein Schwerpunkt der Mission in Afrika. Oft waren die Missionare von der Überlegenheit der europäischen Kultur überzeugt, nötigten diese den Afrikanern auf, führten Zwangschristianisierungen durch und beuteten die Gebiete und ihre Bewohner materiell aus.
- Die katholische Kirche begreift sich seit dem Zweiten Vatikanischen Konzil als der verlässlichste Weg des Menschen zum Heil. Dieser Heilsweg soll allen Menschen verkündet werden. Jedoch werden heute andere Konfessionen und Religionen in ihrem Wert wahrgenommen und gewürdigt. Bei der Missionsarbeit stehen die soziale und wirtschaftliche Unterstützung der Menschen als Zeugnis des gelebten Christseins im Vordergrund.

Die Bedeutung des Kirchenraums

- Ursprünglich wurden christliche Kirchen nach dem Vorbild antiker Markthallen als Basilika gebaut. Im Mittelalter waren sie meist nach Osten ausgerichtet, da Jerusalem im Osten liegt und Jesus als aufgehende Sonne gilt, die das Licht des Glaubens bringt.
    - In den ersten christlichen Jahrhunderten wurde das Bilderverbot (→ S. 45) sehr ernst genommen, die Kirchen hatten keinen Schmuck.
    - Nach dem Konzil von Ephesos (431) wurde vermehrt das Symbol des Kreuzes für das Christentum verwendet. Es zeigte Jesus als Herrscher und Überwinder des Todes.
    - Im Zweiten Konzil von Nicäa (787) einigte man sich darauf, bildliche Darstellungen zu erlauben, aber die Verehrung der Bilder zu verbieten. Jesus selbst hatte eine konkrete menschliche Gestalt und ist daher darstellbar, so die theologische Begründung.
- Romanik (1000 – 1200): Romanische Kirchen sind massiv, voluminös und wehrhaft. Bei Bränden, Unwettern und Überfällen boten sie Schutz, Verfolgten boten sie Zuflucht (Kirchenasyl). Es finden sich erste erzählende Formen der Glasmalerei.
- Gotik (1150 – 1500): Gotische Kirchen wirken heller und freundlicher. Sie konnten dank der Entwicklung des Kreuzrippengewölbes höher gebaut werden; größere, kunstvolle und durchscheinende Glasfenster wurden möglich. In der tiefergelegten Krypta befinden sich Heiligengräber und Reliquien. Die Kirche ist ein spiritueller Raum, der das himmlische Jerusalem symbolisiert. Die sichtbare Kirche wird zum Symbol für die unsichtbare Kirche.
- Im Barock (1650 – 1750) wurden im Zuge der Gegenreformation Kirchenbauten repräsentativ und üppig mit Stuck und Dekor ausgestaltet. Deckenfresken erzählen für die Menschen, die nicht lesen können, die Bibel in Form von Bildern nach (biblia pauperum).
- Zu Beginn des 20. Jahrhunderts gab es erste Überlegungen, etwa von Romano Guardini (* 1885; † 1968), die Gemeinde stärker in den Gottesdienst einzubeziehen. Seit dem Zweiten Vatikanischem Konzil feiert der Priester die Messe in der Muttersprache und wendet sich auch am Altar der Gemeinde zu.

Die Kirche als Eucharistiegemeinschaft

- Im Evangelium findet sich der Auftrag, die Eucharistie zu feiern: „Und er nahm Brot, sprach das Dankgebet, brach das Brot und reichte es ihnen mit den Worten: Das ist mein Leib, der für euch hingegeben wird. Tut dies zu meinem Gedächtnis!" (Lk 22,19)
  - Das letzte Abendmahl feierte Jesus in zeitlicher Nähe zur jüdischen Pessachfeier, eine Erinnerung an den Exodus.
  - Für Paulus ist „Leib Christi" nicht nur das Brot der Eucharistie, für ihn ist auch die feiernde Gemeinde, die Kirche, „Leib Christi" (1 Kor 12, 27).
  - Für katholische und evangelische Christen ist die Eucharistie ein Sakrament (→ S. 14, 129, 133). Protestanten sprechen vom Abendmahl.
  - In Brot und Wein ist Christus real gegenwärtig. Die Hostien behalten die reale Präsenz Christi nach der Eucharistiefeier bei, so die katholische Ansicht.
  - Eucharistie und Wortgottesdienst bilden in der katholischen Kirche eine Einheit. In der evangelischen Kirche besteht der Gottesdienst meist nur aus dem Wortgottesdienst.
  - Lutheraner glauben an die Realpräsenz Christi in Brot und Wein, andere evangelische Kirchen sprechen von einer zeichenhaften Erinnerung.

- Die Teilnahme an der Eucharistie:
  - Katholiken sind ab etwa 6–12 Jahren zur (Erst-) Kommunion zugelassen. Eine schwere Sünde schließt von der Mahlgemeinschaft aus. Die erneute Teilnahme setzt die Beichte voraus. Wiederverheiratete, geschiedene Katholiken sind nach einer Entscheidung von Papst Franziskus unter bestimmten Bedingungen zugelassen.
  - Orthodoxe Christen müssen zuvor mit dem Pfarrer sprechen. Anderen Christen ist die Kommunion mit Zustimmung des Bischofs erlaubt.
  - Die Idee der eucharistischen Gastfreundschaft meint, dass evangelische und katholische Christen zusammen Eucharistie feiern können. Für die katholische Kirche ist dazu die Anerkennung des Papstes, der Priesterweihe sowie der Glaube an die reale Gegenwart Christi notwendig. Konfessionsverschiedene Paare warten hier noch auf eine Entscheidung aus Rom.
  - Eine Altersbeschränkung gibt es **nicht in allen christlichen Kirchen**, auch die Taufe und Kirchenmitgliedschaft sind nicht immer Voraussetzung für die Teilnahme an der Eucharistiefeier.

Das Kirchenverständnis gemäß des Zweiten Vatikanischen Konzils

- Das Dokument „**Lumen Gentium**" (LG) ist das wichtigste Dokument zum Kirchenverständnis des Zweiten Vatikanischen Konzils (1962–1965). Es beinhaltet:
  - Die Kirche ist das Grundsakrament (Karl Rahner) als Zeichen und Mittel zur Erlösung. Sie ist aber nicht selbst der Leib Christi. Die Kirche ist der Weg zur Vollendung im Reich Gottes. Eine sichtbare Gruppe von Menschen zeigt und bewirkt die Einheit mit Gott und die Einheit der Menschheit.
  - Die Kirche versteht sich als durch die Geschichte pilgerndes Volk Gottes. Sie ist eine vorläufige Größe, die selbst nach Vollendung strebt. „Licht der Völker" ist Christus, nicht die Kirche. So werden die sündigen Aspekte in der Geschichte der Kirche bewusst zur Kenntnis genommen.
  - Der Geist Gottes (→ S. 50) hält die Kirche lebendig, die Kirche selbst ist nicht vollkommen.
  - Die Christen sind durch Taufe und Firmung alle miteinander verbunden im allgemeinen Priestertum aller Gläubigen (→ S. 133). Die Gleichheit aller Laien, Priester und Ordensleute wird deutlich betont.
  - Die Kirche versteht sich als Einheit in Vielfalt. Die Einheit der bischöflichen Ortskirchen liegt in ihrer Verbindung zu Rom.
    Die konkrete Ausgestaltung der Eigenständigkeit der Ortskirchen wird immer wieder neu diskutiert und verhandelt.
  - In Kapitel acht werden andere Kirchen gewürdigt, wenn es heißt, dass es auch dort „Elemente der Heiligung und der Wahrheit" gebe. Die Notwendigkeit des Dialogs wird betont.
- Seit dem Konzil stehen sich zwei Positionen gegenüber: Die Traditionalisten glauben, dass im Konzil die kirchliche Tradition verraten worden sei. Die Erneuerer glauben, dass die mangelnde Umsetzung der Konzilsbeschlüsse und Reformen im kirchlichen Alltag die Aussagen des Konzils verrate.

Kirchenorganisation und -verständnis der Protestanten

- Die evangelische Kirche versteht sich als Gemeinschaft von Gläubigen. Die Verkündigung des Evangeliums und die Verwaltung der Sakramente ist ihre Aufgabe. Die EKD – Evangelische Kirche in Deutschland – fasst die selbstständigen Landeskirchen zusammen:
    - Lutherische Kirche: Sie gründet auf den Schriften von Martin Luther (* 1483; † 1546) und anderen Theologen. Grundgedanke: Allein aus Gnade („sola gratia"), allein aus dem Glauben („sola fide") und allein durch die Aussagen der Bibel („sola scriptura") kann der Mensch zu Gott gelangen (Rechtferigungslehre). Es braucht dazu auch keine Werke oder kirchlichen Vermittler (Priester).
    - Reformierte Kirchen nach Ulrich Zwingli (* 1484; † 1531) und Johannes Calvin (* 1509; † 1564) verstehen das Abendmahl als zeichenhafte Erinnerung an das Leiden Christi und glauben nicht an eine Realpräsenz Jesu in der Eucharistie.
    - Die evangelischen Unierten Kirchen fassen protestantische Gruppierungen mit unterschiedlichen Bekenntnissen zusammen.
- Die **Leitungsgremien** sind gewählt und demokratisch strukturiert:
    - Synode: Sie beschließt einmal jährlich Kirchengesetze und diskutiert aktuelle Fragen auf EKD-Ebene.
    - Rat: Er leitet die EKD, repräsentiert sie und vertritt sie politisch.
    - Die Kirchenkonferenz leitet die Landeskirche und berät die EKD mit Vorlagen und Anregungen.
- Für Luther gibt es zwei Reiche, ein geistliches und ein weltliches (**Zwei-Reiche-Lehre** oder auch Zwei-Regimenten-Lehre → S. 108, 150).
    - Das geistliche Regiment regelt den Glauben und die Frömmigkeit. Es würde allein zur Weltfremdheit führen. Das weltliche Regiment regelt die Gesetze und sorgt für Frieden.
    - Glaubensentscheidungen unterliegen nur dem Gewissen, das im Wort Gottes gründet, keine Autorität darf sie regeln (→ S. 142).
    - Für Karl Barth (* 1886; † 1968), Mitbegründer der Bekennenden Kirche, die sich gegen die Gleichschaltung mit dem Nationalsozialismus wehrte, ist ein Christ aus dem Glauben heraus zum politischen Engagement bereit.

Evangelische und katholische Kirche im Vergleich

- **Stellung des Papstes**:
  - Der Papst versteht sich als Nachfolger des Apostels Petrus in Rom (Mt 16,18) und als oberster Leiter der Kirche bezüglich Lehre und Rechtsprechung.
  - Protestanten lehnen die Unfehlbarkeit des Papstes in Fragen des Glaubens und der Moral ab.
- **Apostolische Sukzession** (→ S. 122):
  - Die Bischöfe wurden bzw. werden jeweils von Bischöfen geweiht.
  - Protestanten betonen die Nachfolge Jesu in ihrem Handeln und in der Lehre. Zu Beginn der Reformation gab es keine Bischöfe. Die Taufe bedingt das allgemeine Priestertum aller Gläubigen. Amtsträger (Männer und Frauen) sind theologisch qualifiziert und werden als Pfarrer in das Amt eingesetzt, nicht als Priester geweiht.
- **Abendmahl/Eucharistie**:
  - Nur ein geweihter Priester kann durch seine Weihe eine Messe mit eucharistischer Wandlung von Brot und Wein feiern. Die reale Gegenwart Christi in der Hostie bleibt über die Messe hinaus bestehen (→ S. 126).
  - Die Bedeutung von Brot und Wein im Gottesdienst wird bei den protestantischen Kirchen unterschiedlich gesehen (→ S. 128). Jeder Getaufte darf das Abendmahl spenden und jeder Christ darf daran teilnehmen. Christus lädt zum Mahl.
- **Kirchliche Hierarchie**:
  - Die katholische Ortskirche ist einem Bischof unterstellt, der die Einheit mit Rom garantiert.
  - Die evangelische Ortskirche ist legitimiert durch die Verkündung des Evangeliums und durch das Spenden der Sakramente.
  - Luther lässt nur die biblisch belegten Sakramente gelten: Taufe und Eucharistie. In der katholischen Kirche gibt es sieben Sakramente, außer Taufe und Eucharistie wie bei den Protestanten, Beichte, Firmung, Ehe, Weihe und Krankensalbung (→ S. 133).

Orthodoxie und katholische Kirche im Vergleich

- Die orthodoxe Kirche ist weltweit die drittgrößte christliche Konfession. Orthodox bedeutet: rechte Lobpreisung Gottes. Sie zeigt sich im wahren Glaubensbekenntnis (griech. „orthos“ = wahr, richtig und griech. „dokeo“ = glauben), im Kult (griech. „doxazo“ = preisen) und Leben der Kirche.
- Folgende Gruppen nennen sich orthodox:
    - **Altorientalische Kirchen** (Kopten/Äthiopier/Syrer/Armenier): Sie wandten sich nach dem Konzil von Chalzedon (451) von der römischen Lehre ab, welche den Streit um das Verhältnis von göttlicher und menschlicher Natur in Jesus Christus mit dem christologischen Bekenntnis beendete, dass Jesus wahrer Gott und wahrer Mensch zugleich sei (Zwei-Naturen-Lehre). Die Altorientalen betonen stärker die Einheit der menschlichen und göttlichen Natur in Christus.
    - **Unierte Kirchen**: Sie übernahmen die lateinische Christologie und erkennen den Papst als Oberhaupt an.
    - **Christen der Ostkirchen**, die sich 1054 von Rom trennten.
- Das **Morgenländische Schisma von 1054**: Der Kirchenspaltung (= Schisma) von 1054 ging eine längere Entfremdung voraus. Konstantinopel trat als Hauptstadt des Oströmischen Reiches ab 330 in Konkurrenz zu Rom. Der oströmische Kaiser wurde zum obersten Leiter der Kirche, zusammen mit dem Patriarchen von Konstantinopel. In Rom gewann das Papsttum massiv an politischer Macht, als Papst Leo I. (* um 400; † 461) erfolgreich gegen die Hunnen (Attila) kämpfte. Die Spannungen kulminierten in diesen Streitpunkten:
    - **Kirchenleitung**: Patriarchen und Kaiser teilten sich im byzantinischen Modell die Leitung, während der Papst auf den Primat bestand und sich als Nachfolger Petri (Mt 16,18) verstand.
    - **Rolle des Heiligen Geistes** (Filioque-Streit): Orthodoxe lehren, der Geist sei aus dem Vater allein hervorgegangen; Katholiken, der Geist sei aus dem Vater und dem Sohn (lat. „filioque“) hervorgegangen (→ S. 50 f.).
    - **Hostienstreit**: Man war sich nicht einig über das Hostien-Rezept: Osten mit Sauerteig, Westen ohne Sauerteig.
    - Erst 1965 haben Papst Paul VI. (* 1897; † 1978) und Patriarch Athenagoras (* 1886; † 1972) die wechselseitige Exkommunikation aus dem Jahr 1054 aufgehoben.

Die katholische Kirche und das Judentum

- Das Zweite Vatikanische Konzil (1962–65) klärte in dem Dokument „Nostra aetate" das Verhältnis zum Judentum (→ S. 116):
  - Die gemeinsame Basis für Juden und Christen ist das Alte Testament und der Glaube an den gleichen Gott.
  - Die Juden sind von Gott geliebt, auch wenn sie Jesus Christus nicht als Sohn Gottes anerkennen (Röm 11).
  - Der neue Bund mit Jesus Christus stellt eine Erweiterung des Bundes dar, keine Aufhebung des alten Bundes mit Abraham.
  - Die Missionierung von Juden wird strikt abgelehnt. Stattdessen wird zum Dialog und zur Zusammenarbeit aufgefordert.
  - Jesus war Jude und das Alte Testament bleibt gültig (Röm 9, 4–5).
  - Die Juden bleiben das auserwählte Volk, das Christentum hat das Judentum nicht abgelöst (keine Substitution).
- Belastungen des Dialogs unter Papst Benedikt XVI.
  - Die Wiederzulassung der Fürbitte des Karfreitagsgebets durch Papst Benedikt XVI. (* 1927) belastet das Verhältnis. Darin wird formuliert, dass die Juden Jesus Christus als Retter erkennen mögen.
  - Die Exkommunikation des holocaustleugnenden Traditionalisten Bischof Richard Williamson, der zu den Pius-Brüdern gehört, wurde 2009 aufgehoben.
- Aussage von Papst Franziskus (* 1936): „Wer Christ ist, kann kein Antisemit sein."
  - Er bezeichnet die Juden als „die älteren Brüder im Glauben" und bewertet „Nostra aetate" als „ermutigenden Impuls, der nicht alle Fragen lösen konnte".
  - „Die Kirche erkennt die Unwiderruflichkeit des Alten Bundes und der fortwährenden und treuen Liebe Gottes zum Volk Israel an, auch wenn sie das Heil durch den Glauben an Christus bekennt." (2016)

Dialog der Religionen und Konfessionen

- Papst Johannes Paul II. initiierte 1986 ein Weltgebetstreffen der Weltreligionen in Assisi, das seither fünfmal stattfand.
  - Das Treffen war eine Folge der Erklärung „Nostra aetate" des Zweiten Vatikanischen Konzils, in der zum Dialog der Religionen aufgerufen wurde (→ S. 116).
  - Beim ersten Weltgebetstreffen 1986 nahmen insgesamt 150 Vertreter von 12 verschiedenen Gruppierungen teil.
- Hans Küng (* 1928): Das Projekt Weltethos (1993)
  - Der Weltfrieden setzt den Frieden unter den Religionen voraus.
  - Dafür ist ein Dialog zwischen den Religionen notwendig.
  - Grundlagenforschung in den Religionen ist eine notwendige Bedingung dafür.
- Ökumene, von griech. „oikoumén" = die gesamte bewohnte Welt betreffend, bezeichnet heute den Dialog unterschiedlicher christlicher Konfessionen. Dazu gibt es verschiedene Modelle:
  - Die Rückhol-Ökumene wurde von der Katholischen Kirche bis zum Zweiten Vatikanischen Konzil (1962–65) vertreten. Die Einheit der Christen soll dadurch erreicht werden, dass alle den Primat des Papstes anerkennen.
  - Bei der Kooperations-Ökumene klammert man institutionelle Fragen bewusst aus und sucht die Zusammenarbeit in sozialen Belangen und bei gemeinsamen Anliegen in einer entkirchlichten Gesellschaft, wie dies die Arbeitsgemeinschaft christlicher Kirchen in Deutschland umsetzt. Ökumenische Gebete sind inzwischen ein fester Bestandteil der Kooperation.
  - Die Anerkennungs-Ökumene wird von den meisten Vertretern des Protestantismus praktiziert. Die christlichen Konfessionen werden als theologisch und institutionell selbstständig anerkannt und als gleichwertige und gleichberechtigte Kirchen akzeptiert.
  - Die Unions-Ökumene strebt eine freiwillige Vereinigung der christlichen Konfessionen zu einer rechtlich-institutionellen einheitlichen Gesamtkirche an. Der unterschiedliche Kirchenbegriff dürfte dabei eine Hürde sein.

Die Bedeutung der Sakramente

- Sakramente (lat. „sacramentum“ = Geheimnis; lat. „sacer“ = heilig) sind zeichenhafte Handlungen, die Gottes Gnade durch den Heiligen Geist unmittelbar erfahrbar machen. Sie gehen auf Jesus Christus zurück, außer das Ehe-Sakrament.
- Die Kirche ist das Grundsakrament (Lumen Gentium 1), in dem das Reich Gottes zeichenhaft sichtbar wird. Jesus ist das Ur-Sakrament: Er ist Ursprung und Stifter der Sakramente und nicht von ihnen zu trennen.
- Sakramente begleiten die elementaren Stationen des menschlichen Lebens. **Sieben Sakramente** hat das Konzil von Trient (1545–1563) festgelegt:
  - **Taufe**: Der Mensch wird durch die Taufe in die Gemeinschaft der Kirche aufgenommen (Initiationsritus). Er tritt in Beziehung zu Jesus und wird von Sünden befreit. Die Taufe kann nur einmal gespendet werden. Jeder Christ kann prinzipiell die Taufe spenden (Taufe Jesu im Jordan, Mk 1,9–11 → S. 96).
  - Die **Eucharistie** ist der zentrale Gottesdienst der Gemeinden, an der Kinder nach der Erstkommunion voll teilhaben dürfen (letztes Abendmahl, Lk 22,19 f. → S. 126).
  - In der **Beichte** wird dem Menschen die Vergebung der Sünden zugesprochen. Alles darin Gesprochene unterliegt dem Beichtgeheimnis (Mt 15,18).
  - Bei der **Firmung** legt der Bischof dem Firmling die Hand auf und bittet den Heiligen Geist um Stärkung im Glauben (Apg 8,14–17).
  - Das **Ehesakrament** spenden sich Brautleute gegenseitig, die Anwesenheit eines Priesters oder Diakons als Zeuge ist rechtlich erforderlich. Die Ehe ist unauflöslich, kann aber unter bestimmten Bedingungen annulliert werden. Sie ist Abbild der Liebesbeziehung zwischen Christus und seiner Kirche (Eph 5,32).
  - **Weihesakrament**: Diakone, Priester und Bischöfe werden von einem Bischof durch Handauflegung geweiht. Priester und Bischöfe werden mit Öl gesalbt (Apg 6,5-6).
  - Die **Krankensalbung** soll dem Kranken oder Sterbenden Kraft, Zuversicht und Gelassenheit geben (Mk 6,13).

Frauen in der katholischen Kirche

- Maria Magdalena stand unter dem Kreuz und war die erste Zeugin der Auferstehung (Joh 20,18), von der sie den Jüngern im Auftrag des Auferstandenen berichtete. In der Urkirche gab es Mitarbeiterinnen, z. B. Priska, Mitarbeiterin des Paulus (Apg 18,26). Junia wird von Paulus gemeinsam mit dem Mann genannt, beide werden als „ausgezeichnet unter den Aposteln" bezeichnet (Röm 16,7).
- Im Mittelalter boten Klöster Frauen eine Versorgung und Bildung. Mit dem Auftrag der Mädchenbildung wurden im 17. Jahrhundert die Ursulinen und die Englischen Fräulein gegründet.
- Hildegard von Bingen (* 1098; † 1179) war Äbtissin und hat ihre Visionen öffentlich gemacht. Auf ihren Predigt-Reisen hat sie Missstände im Klerus kritisiert. Ihr Auftreten war ungewöhnlich selbstbewusst und damit lebensgefährlich. Sie wurde jedoch nicht wegen Ketzerei verurteilt und sogar heiliggesprochen.
- Papst Gregor XI. (* 1329; † 1378) verlegte unter dem Einfluss der Mystikerin und Kirchenlehrerin Katharina von Siena (* 1347; † 1380) den Papstsitz von Avignon wieder nach Rom.
- Unter Johannes Paul II. (* 1920; † 2005), Benedikt XVI. (* 1927) und Franziskus (* 1936) spielen Frauen eine größere Rolle. In den Verwaltungsorganen im Vatikan werden öfter Frauen für Ämter berücksichtigt, für die man keine Weihe benötigt.
- Johannes Paul II. stellte 1994 im Apostolischen Schreiben „Ordinatio Sacerdotalis" (OS) fest: „[…] dass die Kirche keinerlei Vollmacht hat, Frauen die Priesterweihe zu spenden, und dass sich alle Gläubigen der Kirche endgültig an diese Entscheidung zu halten haben." (OS, Nr. 4) Die Entscheidung sei unfehlbar, weil es Konsens unter den Bischöfen sei, so die Aussage der Glaubenskongregation (1995) unter Leitung von Kardinal Joseph Ratzinger.
- Papst Franziskus hat eine Kommission ins Leben gerufen, in der die historische Begründung für ein mögliches Diakonat der Frau untersucht werden soll. Schon 1975 hat sich die Würzburger Synode für ein Diakonat der Frau ausgesprochen. Während der Amazonas-Synode kam dieses Anliegen 2019 erneut zur Sprache.

Jugendkirchen – Jugendtreffen – Weltjugendtag

- Jugendliche haben eigene Ausdrucksformen und Ideen zur Gestaltung von Gottesdiensten. In den verschiedenen Konfessionen gibt es daher das Konzept der **Jugendkirchen**, in der katholischen Kirche seit dem Jahr 2000.
- Der protestantische Theologe Frère Roger Schutz (* 1915; † 2005), gründete 1949 die ökumenische **Gemeinschaft von Taizé**, etwa 10 km nördlich von Cluny.
  - Zum Profil der Gemeinschaft gehört die praktizierte Ökumene. Dies ist das besondere Anliegen von Taizé.
  - Zur ökumenischen Gemeinschaft gehören etwa 100 Brüder aus verschiedenen Konfessionen: katholische, evangelische und anglikanische Christen.
  - 1974 hat Roger Schutz ein Konzil der Jugend einberufen, was dazu beigetragen hat, das Taizé zu einem besonderen Anziehungspunkt für Jugendliche geworden ist. Seither kommen Woche für Woche oft mehrere tausend Jugendliche zu den internationalen Jugendtreffen nach Taizé.
  - Kardinal Joseph Ratzinger hat Roger Schutz in Taizé 2005 die Kommunion gereicht. Schon seit 1980 empfing Schutz nach Aussagen der Gemeinschaft die Kommunion im Vatikan.
  - Zwischen dem 28.12. und dem 1.1. finden jährlich die Europäischen Jugendtreffen statt mit mehreren zehntausend Besuchern, jedes Jahr in einer anderen europäischen Stadt, mit einem großen Fest der Nationen in der Silvesternacht. Ziele der Treffen sind, neben den geistlichen Impulsen und den internationalen Begegnungen, der christliche Austausch mit dem Gastgeber-Land und das Weitertragen der Impulse in die Gemeinden, aus denen die Jugendlichen stammen.
- Papst Johannes Paul II. (* 1920; † 2005) hat 1984 den **Weltjugendtag** in Rom gegründet, der alle zwei bis drei Jahre stattfindet.
  - Die Jugendtage bestehen aus Eucharistiefeiern, Workshops, Konzerten und anderen Veranstaltungen. Die Jugendlichen lernen den Alltag und die Kultur des Gastlandes kennen.

Basisgemeinden und Bibel-Teilen

- Lateinamerikas Basisgemeinden (→ S. 152) stehen in der Tradition der Armutsbewegungen, zu denen auch Franz von Assisi gehörte (→ S. 123). Aus der gemeinsamen Bibel-Lektüre heraus erwuchsen um 1960 politische Forderungen und ein politisches Engagement:
  - Armut ist kein individuelles Schicksal, sondern systembedingt, wie dies auch die Dependenztheorie postuliert. Sie erklärt die Ausbeutung aus der engen Verflechtung der nationalen Oberschicht in Geschäfte mit den Industrienationen. Zugleich ist die Armut in den südlichen Ländern die Folge ungerechter Wirtschaftsstrukturen, welche die reichen Nationen strukturell begünstigen.
  - Arme Christen konnten in Lateinamerika oft aufgrund der Größe der Kirchenbezirke nicht von Priestern betreut werden. Sie hatten keinerlei Infrastruktur wie Ärzte, Telefon, Müllabfuhr usw. Priester waren häufig nicht an den Armen interessiert und mit der Oberschicht solidarisch. In dieser Situation entstanden solidarische Zusammenschlüsse mit dem Ziel der Selbsthilfe. Man fing an, in Eigenregie die Bibel zu lesen und zu interpretieren.
  - Die Bibel-Lektüre gab die Motivation, Schulen zu gründen, Wasserleitungen zu legen und für gerechte Bezahlung der eigenen Waren zu kämpfen.
- Das Bibel-Teilen geschieht in sieben Schritten und bedeutet, sich in der Gruppe über die Interpretation der Texte auszutauschen.
  - Die Teilnehmer überlegen, was die Bibeltexte für ihr Leben bedeuten. Eine theologische Vorbildung ist nicht erforderlich.
  - Aus den Bibeltexten werden gemeinsam Handlungsmöglichkeiten für das eigene Leben und die Gemeinschaft abgeleitet.
- Die befreiungstheologische Exegese (→ S. 94) interpretiert die Bibel aus der Perspektive der Armen.
  - Die Exodusgeschichte, in der Jahwe die Israeliten aus der Sklaverei in Ägypten führt, gilt als Schlüsseltext.
  - Gott befreit die Armen und Unterdrückten, dies ist das Leitmotiv dieser Bibelexegese.

Kirche und Staat

- Es existieren heute folgende Modelle, die das Verhältnis zwischen Staat und Kirche regeln:
  - Staatskirche: Eine Religion bestimmt das öffentliche Leben, in Form von Religionsunterricht an Schulen, Kirchensteuer oder Recht zur Beurkundung, z. B. Lichtenstein, Griechenland.
  - Trennung von Staat und Kirche: Religion ist Privatsache, es gibt keine Kirchensteuer, die Kirche ist ins öffentliche Leben des Staates nicht eingebunden: USA, Frankreich, Mexiko.
  - Kooperationsmodell: In Deutschland dürfen alle Religionsgemeinschaften ihre Angelegenheiten selbstständig regeln, Zusammenarbeit und Förderung erfolgt, wo gemeinsame Interessen von Staat und Kirche vorliegen.
- Das Grundgesetz (Art. 4) garantiert in Deutschland die Religionsfreiheit. Die Religionsausübung wird ermöglicht, aber auch die Freiheit, sich gegen eine Religion zu entscheiden.
  - Es gibt eine Glaubens-, Gewissens- und Bekenntnisfreiheit.
  - Der Staat ist in religiösen Fragen neutral.
  - Die ungehinderte Religionsausübung ist gewährleistet.
  - Kirchen sind Körperschaften des öffentlichen Rechts und dürfen eine Steuer einziehen.
  - Staat und Kirche kooperieren vor allem im sozialen Bereich und in der Bildung: Religionsunterricht, Theologiestudium, Kindergärten, Krankenhäuser, Militärseelsorge, Krankenhaus- und Gefängnisseelsorge usw.

Die Kirchensteuer

- Es ist eine jahrtausendalte Tradition, dass Religionsgemeinschaften Geld für ihre Aufgaben gegeben wird.
  - Der „Zehnte", eine Naturalsteuer in Höhe von 10 % des Ertrages, geht auf die Religionen Mesopotamiens zurück.
  - Zur Zeit Jesu zahlten die Juden die Tempelsteuer (Mt 17,24–27).
  - Schon die ersten Christengemeinden benötigten Geld für die Grunddienste der Kirche, Diakonie, Liturgie und Verkündigung (Gal 2,11).
  - Mit der Säkularisation 1803 verlor die Kirche ihr Zehntrecht. Die Fürsten wurden 1803 zu finanziellen Ausgleichszahlungen verpflichtet. Viele Fürsten jedoch zahlten nicht, sodass Zahlungen von den Gläubigen erhoben werden mussten.
  - Art 137, 6 der Weimarer Verfassung garantierte das Besteuerungsrecht für Körperschaften des öffentlichen Rechts. Dieser Artikel wurde Bestandteil des Grundgesetzes im Artikel 140.
  - In Deutschland bezahlen Kirchenmitglieder eine Kirchensteuer von 8–9 % der Einkommenssteuer. Die Kirche finanziert damit ihre Personalkosten, die Verwaltung, ihre Kirchenbauten, Schulen und Bildung sowie soziale Projekte.
- Wer aus steuerlichen Gründen aus der Kirche austritt, ist nach katholischer Auffassung gleichzeitig von den Sakramenten ausgeschlossen und darf kein Amt in der Kirche ausüben. Die Haltung der deutschen Bischöfe ist, dass man durch die Taufe Teil der Kirche bleibt, auch wenn man ihr durch den Austritt Schaden zufügt. Das Bundesverwaltungsgericht hat diese Rechtspraxis 2012 bestätigt. Dennoch wird in Deutschland immer wieder diskutiert, ob die Mitgliedschaft in der Kirche von der Verpflichtung abhängt, eine Kirchensteuer zu zahlen.
- **Pro und kontra Kirchensteuern**:
  - Vorteile: Die Belastung wird gerecht verteilt, da sie sich nach dem Einkommen richtet. Die Kirchen sind unabhängig von reichen Spendern und haben Planungssicherheit für soziale Projekte.
  - Nachteile: Die Steuer geht mit einem Verwaltungsaufwand einher und belastet auch sozial Schwache. Die Verknüpfung von Geld mit Religion fördert Misstrauen.

Güter, Werte, Normen

- **Güter…**
  - sind Realitäten, die für den Menschen wertvoll sind und verteidigt werden, z. B. menschliches Leben, Freiheit, Gerechtigkeit.
  - Moralische Werte oder die rechtliche Ordnung schützen diese Güter.
  - Eine Güterabwägung ist erforderlich, wenn Güter zueinander im Widerspruch stehen, z. B. die Freiheit des Einzelnen gegenüber der Sicherheit der Gesellschaft.
- **Werte…**
  - sind die innere Einstellung und die subjektive Willenshaltung von Menschen und zugleich das in der Gesellschaft Erwünschte; sie geben dem menschlichen Handeln Orientierung und bestimmen das äußere Verhalten.
  - Sie können ökonomischer Natur sein oder von religiöser, technischer, rechtlicher bzw. ästhetischer Art.
  - Beispiele: Schutz des Lebens, Nächstenliebe, Toleranz, Zuverlässigkeit etc.
  - Kritiker machen einen Werteverfall in unserer Gesellschaft aus, er zeige sich z. B. in sich auflösenden Familienstrukturen, Gewaltzunahme etc. Soziologen sprechen dagegen von einem Wertewandel, Individualisierung und Pluralisierung von Lebensformen nehmen zu (→ S. 16).
- **Normen…**
  - sind konkrete Verhaltensregeln, die sich von Werten ableiten lassen.
  - Sie werden mehrheitlich akzeptiert und sind unter bestimmten Voraussetzungen einklagbar.
  - Sie stellen einen Minimalkonsens dar, der das gesellschaftliche Zusammenleben regelt.
  - Beispiel: Menschen in Lebensgefahr muss man retten.

Grundtypen ethischer Argumentation

- Die Ethik, von griech. „ēthikē“ = das sittliche (Verständnis), beschäftigt sich als Wissenschaft mit den Fragen zu gutem und gerechtem Handeln, der Frage nach dem höchsten Gut und der Freiheit des Willens. In der Philosophie ist es die praktische Philosophie, in der Theologie die Moraltheologie, die sich mit ethischen Fragen beschäftigen.
  - Es existieren verschiedene Ethikmodelle, die sich je nach zugrunde liegender Fragestellung und Betrachtungsweise unterscheiden.
- Unterscheidung nach Art der **Behandlung ethischer Aussagen**:
  - Die **deskriptive Ethik** beschreibt die in menschlichen Gruppen und Kulturen vorliegenden Werte und Normen.
  - Die **normative Ethik** versucht, allgemeingültige Normen und deren Begründung zu formulieren.
- Unterscheidung nach der betrachteten **Personenzahl**:
  - Die **Individualethik** hat das Wohl und das moralische Handeln des Einzelnen im Fokus.
  - Die **Sozialethik** befasst sich mit den sozialen Verhältnissen und gesellschaftlichen Ordnungen und untersucht, inwiefern sie die Bedingungen für ein gutes Leben schaffen.
- Unterscheidung nach **Prinzipien und Werten**, z. B.:
  - Die **deontologische Ethik** (griech. „déon“ = die Pflicht) beruft sich auf bestimmte Pflichten, die man religiös oder prinzipiell begründet, zum Beispiel der „Kategorische Imperativ (→ S. 146). Die **Teleologie** (griech. „télos“ = Ziel, Zweck) bewertet das Verhalten nach den angestrebten Zielen oder den Folgen einer Handlung, Beispiel: Utilitarismus (→ S. 146).

  - Der Soziologe Max Weber (1864–1920) unterschied **Gesinnungs- und Verantwortungsethik.** Gesinnungsethik richtet sich nach Idealen, ohne die Folgen zu betrachten. Verantwortungsethiker betrachten die Widersprüchlichkeit und Komplexität der Entscheidungssituationen und gehen nicht stur nach festgelegten Werten vor, sondern bedenken die vorhersehbaren Ereignisse des Handelns (→ S. 147).

- Unterscheidungsmodelle nach dem **Ursprung der Normen**:
  - **Heteronome Ethiken** (griech. „heteros" = der andere) sind Ethiken, in denen die Normen von außen festgelegt werden: Religion, Politik, Wirtschaft.
  - Bei **autonomen Ethiken** (griech. „autos" = selbst) sind die Normen das Ergebnis individueller menschlicher Überlegungen.
  - **Theonome Ethiken** beziehen sich auf Gottes Willen als Autorität: Aus dem Koran abgeleitet sind dies die Scharia, im Judentum die Gesetze der Tora oder die Zehn Gebote aus der Bibel.

Das Gewissen als moralische Instanz

- Jeder Mensch hat ein Bewusstsein/Wissen um Gut und Böse, wobei dieses Wissen individuell unterschiedlich ist. Es hängt ab von Kultur, Religion, Erziehung etc. Diesem Gewissen – Papst Johannes Paul II. sprach von einer subjektiven Sittennorm – ist jeder Mensch verpflichtet.
- In den ursprünglich hebräischen Schriften des Alten Testaments wird der Begriff „Gewissen" nicht verwendet, sondern der Begriff „Herz" (Ps 139). Der Begriff des Gewissens findet sich erstmals im Buch der Weisheit 17,10.
- Paulus spricht im Römerbrief vom Gewissen, das die Heiden im Herzen haben, auch wenn sie das jüdische Gesetz nicht kennen (2,14 f.). Damit meint er, dass alle Menschen, unabhängig von Religion und Nation, ein Gewissen haben.
- Zweites Vatikanisches Konzil (1962–65): Gaudium et Spes (16)
    - Das Gewissen als Instanz der Entscheidung ist verbindlich.
    - Das Gewissen ist jenes Gesetz, das sich in der Liebe zu Gott und dem Nächsten erfüllt.
    - Das Gewissen verbindet Christen und Nichtchristen bei der Suche nach der Lösung moralischer Probleme.
    - Das Gewissen darf irren, ohne seine Verbindlichkeit zu verlieren.
    - Der Mensch muss sich um die Entwicklung seines Gewissens bemühen.
- Methoden der Gewissensbildung
    - In Erziehung und Bildung soll das Gewissen geformt werden.
    - Eine Gewissensentscheidung soll auf der Grundlage solider Informationen erfolgen.
    - Entscheidungen sollten mit einer gewissen emotionalen Distanz getroffen werden.
    - Die Gewissensentscheidung bildet sich in der Auseinandersetzung mit anderen ethischen Perspektiven.

Ethische Aussagen im Alten Testament

- Sie finden sich z. B. im Dekalog (Ex 20,1–17 und Dtn 5,6–21):
  - Das Bekenntnis zu Jahwe beinhaltet soziale Verpflichtungen. Gott hat einen Bund (= Vertrag) geschlossen und das Volk Israel aus Ägypten befreit.
  - Hervorgehoben werden der Monotheismus und soziale Verpflichtungen, z. B. der Schutz der Menschen, des Besitzes, der Ehe und der Wahrheit. Arme und Schwache sind besonders schützenswert (Dtn 24,17).
  - Weitere Rechtssammlungen in Exodus und Deuteronomium regeln etwa auch den Umgang mit der Natur, z. B. die Behandlung von Nutztieren (Dtn 25,4), des Waldes (Dtn 20,19) oder den Schutz von brütenden Vögeln (Dtn 22,6 f.).
- Alltagsthemen werden in der Weisheitsliteratur behandelt wie Alkoholismus (Spr 20,1), Zorn (Weish 10,3) oder unbedachtes Reden (Weish 1,11).
- Die Propheten heben die Verantwortung und die Rechte des Einzelnen hervor: Amos und Hosea fordern soziale Verpflichtungen und Taten ein, ohne die der Gottesdienst wertlos und eine Beleidigung Gottes ist.
- Das Buch Levitikus beinhaltet Kult- und Heiligkeitsgesetze.
  - Es enthält kultische Vorschriften für den Gottesdienst (Lev 10, 6–20), Speisegesetze über reines und unreines Essen (Lev 11), Reinheitsvorschriften für das Sexualleben (Lev 12.15) und Regelungen zum Umgang mit Krankheiten wie Aussatz (Lev 13).
- **Zentrale Forderungen** des Alten Testaments sind:
  - Gottesverehrung beinhaltet auch moralisches Handeln.
  - Gottes- und Nächstenliebe gehören zusammen.
  - Leben, Eigentum und Wahrheit müssen geschützt werden ebenso wie schwache Menschen.

Ethische Aussagen im Neuen Testament

- Das **Gleichnis vom barmherzigen Samariter** (Lk 10,25–37)
  - Priester und Levit unterliegen Reinheitsvorschriften und dürfen vor dem Tempeldienst nicht mit Blut in Kontakt kommen. Sie helfen daher einem schwerverletzten Mann nicht. Die Einhaltung des Reinheitsgesetzes ist ihnen wichtiger als die Nächstenliebe.
  - Ein Samariter jedoch hilft dem Mann, obwohl er nicht zum gleichen Volk gehört. Sein Verhalten zeigt, dass jeder Mensch Anspruch auf Hilfe hat und der Nächste ist.
  - Jesus zeigt, dass ethische Gebote für alle Menschen gelten, die Hilfe brauchen. Soziales Verhalten ist wichtiger als die formale Erfüllung von Kultvorschriften (→ S. 103, 105).
- **Die Bergpredigt** (Mt 5–7) → S. 107
  - Weil der Mensch die bedingungslose Annahme Gottes erfährt (= Indikativ der Heilszusage), kann er nach dessen Maßstäben ethisch handeln (= Imperativ der Heilszusage).
  - Die Antithesen (sechs Sprüche Jesu: „Ich aber sage euch…") bringen einen Autoritätsanspruch zum Ausdruck, der das mosaische Gesetz in Frage stellt. Jesus tritt als Messias auf (→ S. 102). Jesus will das Gesetz nicht abschaffen, sondern dessen ursprünglichen Sinn hervorheben.
  - Die Feindesliebe ist ein wesentliches Spezifikum christlicher Ethik, die vor dem Hintergrund der Reich-Gottes-Botschaft (→ S. 104) zu verstehen ist.
- Die „**Goldene Regel**" (Mt 7,12): „Alles, was ihr also von anderen erwartet, das tut auch ihnen! Darin besteht das Gesetz und die Propheten." In der Ethik Jesu ist die Nächstenliebe die entscheidende Kategorie, um das Reich Gottes zu verwirklichen (→ S. 103).
- „Du sollst deinen Nächsten lieben wie dich selbst." (Mk 12, 31): Die **Liebe ist das höchste Gebot** und wichtiger als formale Gesetzestreue.

Die Naturrechtslehre

- Das Naturrecht ist das „von Natur aus" gegebene Recht. Es existiert ohne Zutun des Menschen – im Gegensatz zum „positiven Recht", das von Menschen festgelegt wird. Die katholische Kirche hält daran fest, dass es Rechte gibt, die nicht verhandelbar sind = Naturrechte, während „positive, vom Menschen gemachte Rechte" auch unmoralisch sein können.
- Der Begriff des Naturrechts wurzelt in der griechischen Philosophie. Die Philosophen der Stoa sowie Aristoteles (* 384 v. Chr.; † 322 v. Chr.), später Paulus und Thomas von Aquin (* um 1225; † 7. März 1274) versuchten, moralische Gesetzmäßigkeiten mithilfe der Vernunft aus der Natur abzuleiten.
  - Aristoteles verstand unter Naturrecht alle Normen, die unabhängig von Konventionen überall gelten.
  - Im christlichen Denken wird das Naturrecht mithilfe des Schöpfergottes legitimiert, der diese Gesetze geschaffen hat. Aus dem Wesen der Dinge lässt sich der gottgewollte Sinn und Zweck allen Seins ablesen. Laut Naturrecht ist es gottgewollt, dass aus der Ehe Kinder hervorgehen und dies nicht verhindert wird.
  - Das natürliche Sittengesetz, d.h. alle erkennbaren ethischen Normen, kann mithilfe der Vernunft erkannt werden. Das Sittengesetz hat einen absoluten und universalen Geltungsanspruch.
  - Der Wunsch nach Gerechtigkeit ist Teil des menschlichen Wesens. Der Staat und die Menschen sollen daher gerecht handeln. Das Vernunftrecht der Aufklärung prägt den modernen Staat, der die Menschenrechte garantieren soll.
- Kritiker wie **David Hume** (1711–1779) wiesen darauf hin, dass nicht alles, was ist, gut sein muss: **Sein-Sollen-Fehlschluss** oder auch **naturalistischer Fehlschluss** (George Edward Moore * 1873; † 1958):
  - Situative Bedingungen einer Handlung, z.B. Notwehr, werden im Naturrecht nicht ausreichend begründet.
  - Das Wesen der Dinge und die daraus ableitbaren Normen sind nicht immer eindeutig zu bestimmen.

Ethische Entwürfe der Philosophie: Kant, Utilitarismus

- **Immanuel Kant** (* 1724; † 1804), Philosoph der Aufklärung, beschäftigt sich in seinem Werk „Kritik der praktischen Vernunft“ (1788) mit der Frage, wie moralisch gutes Handeln aussieht (→ S. 19, 74).
    - Der Mensch soll nach Humanität streben, die nach den Grundsätzen der Vernunft das Leben des Individuums, der Gesellschaft und der staatlichen Ordnung gestalten will. Jeder soll so leben, dass er Gutes bewirkt und das Leben fördert.
    - Der **Kategorische Imperativ** bringt seine Vorstellung von moralisch richtigem Handeln auf den Punkt: „Handle nur nach derjenigen Maxime, durch die du zugleich wollen kannst, dass sie ein allgemeines Gesetz werde.“

- **Utilitarismus** (von lat. „utilitas“ = Nutzen): Lehre von der Nützlichkeit, wichtigste Vertreter:
    - **Jeremy Bentham** (* 1748; † 1832), Leitprinzip seiner Ethik: das größtmögliche Glück für die größtmögliche Zahl von Menschen. Eine Handlung ist dann gut, wenn ihre Folgen den größtmöglichen Nutzen bringen, für den Einzelnen und die Allgemeinheit. Ideale und Absichten sind dabei nicht so relevant.
    - **Adam Smith** (* 1723; † 1790): „Was der Einzelne aus egoistischen Motiven tut, kann wie durch eine ‘unsichtbare Hand’ die Wohlfahrt der gesamten Gesellschaft fördern.“ Der Staat soll sich um die Landesverteidigung kümmern, um die innere Sicherheit sowie das Bildungswesen und den Gefahren des Kapitalismus entgegenwirken.
    - **John Stuart Mill** (* 1806; † 1873) vertrat die Theorie, dass Handlungen Glück ermöglichen sollen, worunter er das Empfinden von Lust und die Freiheit von Schmerz verstand.
    - **Peter Singer** (* 1946) vertritt den Präferenzutilitarismus. Sein Personbegriff setzt Selbstreflexion und planvolles Handeln voraus, was er Menschen und hochentwickelten Tieren zuspricht, nicht aber Neugeborenen bis zu einem gewissen Alter oder geistig behinderten Säuglingen, die seiner Meinung nach kein Lebensrecht haben.

Ethische Entwürfe der Philosophie: Jonas, Habermas

- **Hans Jonas** (* 1903; † 1993): **„Das Prinzip Verantwortung"**
  - Der Philosoph Jonas beschäftigte sich mit ethischen Fragen, die sich aus dem technischen Fortschritt und den Folgen ergeben.
  - Der Mensch selbst, so Jonas, verändert sich und unterliegt geschichtlichen Prozessen; er ist das Objekt technischer und genetischer Veränderungen.
  - Er hat eine ethische Verantwortung gegenüber der Natur und muss daher die Folgen einer neuen Technologie vorab prüfen.
  - Der Mensch unterwirft sich einerseits der Natur, andererseits entfremdet er sich von ihr, sodass kein „echtes" menschliches Leben möglich ist. Menschen haben nicht das Recht, durch ökologische Fehler das Leben künftiger Generationen zu gefährden.
  - Analog zum Kategorischen Imperativ formulierte er: „Handle so, dass die Wirkungen deiner Handlung verträglich sind mit der Permanenz echten menschlichen Lebens auf der Erde."
- **Jürgen Habermas** (* 1929, Philosoph, Soziologe): **Theorie des kommunikativen Handels**
  - Habermas Theorie will in unserer pluralistischen Gesellschaft Verständigung schaffen in politischen und sozialen Fragen.
  - Zentral bei Habermas ist der Begriff des Diskurses. Er versteht darunter den Austausch von Argumenten mit dem Ziel der Verständigung in einem herrschaftsfreien Raum, der bestimmt sein soll von Öffentlichkeit, Gewaltlosigkeit, Aufrichtigkeit und gleichen Rechten für alle. Argumente sind immer interessengelenkt. Daher müssen sich die Diskurspartner wechselseitig anerkennen in einem Klima der Sachlichkeit und des Verständigungswillens. Experten mit ihrer Überzeugungskraft und die Berichterstattung in den Medien sind Teil des Diskurses.
  - Jede Norm muss der Bedingung genügen, dass die Folgen, die sich aus der Durchsetzung der Interessen jedes Einzelnen ergeben, von allen Betroffenen akzeptiert werden können.

Die Menschenrechte

- Die „Allgemeine Erklärung der Menschenrechte“ (AEMR) wurde 1948 von den Vereinten Nationen verabschiedet, nicht zuletzt nach den Erfahrungen des Zweiten Weltkriegs und des Holocausts:
  - Sie gehen zurück auf die Formulierung der menschlichen Grundrechte in der amerikanischen Unabhängigkeitserklärung von 1776 und der Erklärung der Menschen- und Bürgerrechte während der Französischen Revolution 1789.
  - Die Grundlage der Erklärung bildet die menschliche Vernunft und nicht das Naturrecht. Der Mensch ist ein autonomes Subjekt mit einem freien Willen.

- Für Christen ist die Menschenwürde grundgelegt in der biblischen Lehre von der Gottebenbildlichkeit des Menschen (Gen 1,26 ff.). Die Menschenrechte wurden von der Kirche aber nicht sofort und uneingeschränkt anerkannt:
  - Unter Papst Pius IX. (* 1792; † 1878) wurden die Irrtümer der Moderne verurteilt, darunter auch die Religions- und Gewissensfreiheit. Der „Syllabus errorum" ist eine Liste von 80 Aussagen, die von der Kirche als falsch verurteilt wurden. Sie wurde 1864 in der Enzyklika „Quanta cura“ veröffentlicht.
  - In der Enzyklika „Pacem in terris" (1963) von Johannes XXIII. (* 1881; † 1963) wurden zum ersten Mal die Menschenrechte positiv erwähnt.
  - Die Konzilserklärung über die Religionsfreiheit „Dignitatis Humanae" (1965) stellte die Menschenrechte unter das Naturrecht. Die Religions- und die Gewissensfreiheit wurden nun anerkannt (Art. 1).
  - Der Vatikan ist einer der wenigen Staaten, der die „Allgemeine Erklärung der Menschenrechte“ nicht unterzeichnete, weil er das Naturrecht höher bewertet als die Individualrechte der Charta.
  - Die deutsche Kommission „Justitia et Pax" erarbeitet kirchliche Beiträge zur Menschenrechtspolitik, aber auch zur Entwicklungs- und Friedenspolitik.

Die katholische Soziallehre

- **Die Sozialprinzipien**
  - Die katholische Soziallehre baut auf den Sozialprinzipien auf. Sie haben ihren Ursprung im 19. Jahrhundert, als man im Zuge der Industrialisierung anfing, über die soziale Frage (Armut, Ausbeutung) nachzudenken.
  - **Personalität** ist das übergeordnete Sozialprinzip, das vor allem aus den Schöpfungserzählungen abgeleitet werden kann. Der Mensch ist Abbild Gottes (Gen 1,26), erhält daraus seine Würde und darf sein Leben frei gestalten ohne staatliche Eingriffe.
  - Das **Solidaritätsprinzip** betrachtet das Wohl des Einzelnen und das der Gesellschaft. Es fordert den gemeinsamen Einsatz aller für eine gerechte Gesellschaft.
  - Das **Subsidiaritätsprinzip** besagt, dass Aufgaben zunächst von der kleinsten Einheit übernommen werden (z. B. Kindererziehung durch die Eltern), der Einzelne aber von der nächstgrößeren Einheit unterstützt wird, wenn er alleine überfordert ist.
  - Das **Gemeinwohlprinzip** ist das Gesamtziel der Gesellschaft, neben Einzelinteresse ist immer das Wohl aller im Blick zu halten. Gemeinwohl geht stets vor Einzelwohl.
  - Das Prinzip der **Nachhaltigkeit** gehört seit der Weltumweltkonferenz 1992 in Rio de Janeiro dazu. Die heutige Generation soll eine Wirtschaftsweise anstreben, die nachfolgenden Generationen ein menschenwürdiges Leben ermöglicht (→ S. 159).
- **Päpstliche Sozialenzykliken** bestätigten die Prinzipien der katholischen Soziallehre:
  - Die Sozialenzyklika „Rerum novarum“ (1891) von Leo XIII. (* 1810; † 1903) beschäftigte sich erstmals mit der Arbeiterfrage, forderte menschenwürdige Entlohnung und formulierte Pflichten von Unternehmern.
  - „Quadragesimo Anno“ (1931) von Pius XI. (* 1857; † 1939) ist zur Zeit der Weltwirtschaftskrise erschienen. Lohngerechtigkeit und das Subsidiaritätsprinzip sind wichtige Anliegen.
  - „Lautdato si“ (2015): Papst Franziskus (* 1936) verknüpft Umweltschutz und soziale Gerechtigkeit. Angesichts der Flüchtlingskrise thematisiert er den Klimawandel als Fluchtursache und ruft auf zu Klimaschutz und Solidarität über die aktuelle Generation hinaus (→ S. 159).

Evangelische Sozialethik

- Die evangelische Sozialethik behandelt das soziale Miteinander in der Gesellschaft. Sie ist die Wissenschaft von der sittlich-rechtlichen Ordnung der Gesellschaft als Voraussetzung der Selbstverwirklichung des Menschen.
  - Die Grundlage der Ethik bilden die Texte der Bibel zu Fragen der Gerechtigkeit.
  - Die evangelische Kirche versteht sich als Deutungsgemeinschaft, welche Entscheidungshilfen formuliert. Verschiedene Meinungen gelten zu lassen, über Ansichten frei und offen zu diskutieren, zeichnet die evangelische Sozialethik als theoretische Wissenschaft aus.
  - Die evangelische Kirche versteht sich als hierarchiefreie Gemeinschaft, welche im Diskurs mit ihren Mitgliedern und im interdisziplinären Diskurs steht. Ein zentrales Lehramt gibt es nicht.
  - Man beruft sich nicht auf das Naturrecht.
- **Luthers Zwei-Reiche-Lehre** (→ S. 108, 128)
  - Nach Luther gibt es seit Jesus zwei Reiche: Im Reich Gottes herrscht bereits das Evangelium, im weltlichen Reich die Sünde.
  - Zur Befreiung der Welt von der Sünde hat Gott Regimente eingesetzt: Das geistliche Regiment (Predigtamt) dient der Frömmigkeit, das weltliche Regiment (Schwertamt) dem Schutz der Frommen.
  - Die Aufgabe des Christen besteht nach dem Theologen Karl Barth (* 1886; † 1968) darin, das politische System so zu unterstützen, dass es sich dem Reich Gottes annähert.
- **Der christliche Sozialismus**
  - Begründer des religiösen Sozialismus in Deutschland war Christoph Blumhardt (* 1842; † 1919), evangelischer Pfarrer, später württembergischer Landtagsabgeordneter der SPD. Für Blumhardt ist der Sozialismus die Verwirklichung der Nachfolge Jesu und der Reich-Gottes-Idee. Blumhardt hatte einen maßgeblichen Einfluss auf Karl Barth, der den christlichen Sozialismus für das zeitgemäße Zeugnis eines gelebten Christentums hielt.

Wirtschaftsethische Forderungen der katholischen Soziallehre

- Für die katholische Kirche ist die **Soziale Marktwirtschaft** grundsätzlich die geeignete Form des Wirtschaftens.
  - Papst Franziskus empörte sich jedoch darüber, dass genügend Nahrung und Einkommen global vorhanden sind, aber nicht gerecht verteilt werden.
  - Gegen ein gerechtes Wachstum ist nichts einzuwenden.
  - Die demokratische Politik in Rechtsstaaten soll mit einer geeigneten Ordnungspolitik den berechtigten Raum der Freiheit der Wirtschaft, in den der Staat nicht eingreifen soll, schaffen und diesen nach den Prinzipien der Solidarität und Subsidiarität (→ S. 149) nutzen.
  - Der Staat soll fünf Ziele im Blick haben: ausgeglichenes Wachstum, Sicherung der Vollbeschäftigung, eine Absicherung gegen Arbeitslosigkeit, ein angemessenes Lohnniveau und menschliche Arbeitszeiten.
  - Seit dem Zweiten Vatikanischen Konzil wird eine gerechte internationale Ordnung gefordert in Form einer globalen sozialen Marktwirtschaft (vgl. Sozialprinzipien → S. 149).
  - Papst Benedikt XVI. plädierte für die Schaffung einer subsidiär strukturierten politischen Weltautorität.

- Papst Franziskus setzte neue Impulse in den Bereichen **Armutsbekämpfung und Ökologie**:
  - Er fordert eine strukturelle Bekämpfung der Armutsursachen.
  - Die Armen sollen Subjekt und Ziel der Wirtschaft sein, nicht die wirtschaftlichen Notwendigkeiten. Damit in ärmeren Ländern ein Aufschwung erfolgen kann, sollen die Industriestaaten zum aktiven Verzicht bereit sein.
  - Wirtschaftliche und technische Ziele sollen immer unter dem Aspekt der Menschlichkeit betrachtet werden.
  - Die Wirtschaftsweise soll nachhaltig sein und nachfolgenden Generationen die Lebensgrundlagen erhalten (→ S. 159). Die Amazonas-Synode (2019) fordert angesichts der Gefahr des Klimawandels eine ökologische Bekehrung.

Die ethische Verpflichtung zur Sorge um die Armen: Befreiungstheologie

- Die Befreiungstheologie entwickelte sich um 1960 in Lateinamerikas Basisgemeinden (→ S. 94, 136). In den Basisgemeinden lebten meist besitzlose Bauern zusammen. Die Menschen interpretierten die Bibel als Anleitung für ihr reales Leben und schöpften daraus Hoffnung.
- Theologen und Kirchengemeinden stellten sich in christlicher Motivation bewusst auf die Seite der Unterdrückten. Die Befreiungstheologie ergriff Partei für die Armen und kritisierte die herrschende Gesellschaftsstruktur. Die Bibel, v.a. die sozialkritischen Texte, wurde als Handlungsanweisung zur Bewältigung aktueller Herausforderungen begriffen.
- Die lateinamerikanische Bischofskonferenz in Medellín machte 1968 das Konzept bekannt. Der Begriff „Befreiungstheologie" wurde geprägt von Gustavo Gutierrez (* 1928) durch sein Buch „Teología de la liberación" (1971). Seine Werke und die Leonardo Boffs (* 1938, Brasilien) gelten als Wegbereiter der Befreiungstheologie.
- Der brasilianische Erzbischof Dom Hélder Câmara (* 1909; † 1999) verurteilte die soziale Ungerechtigkeit in Lateinamerika, und zwar gleichermaßen das kapitalistische wie das marxistische System. Die offene Kritik der Diktaturen Südamerikas führte zu vielen ermordeten Priestern. Óscar Romero (* 1917; † 1980), der Erzbischof von El Salvador, ist das bekannteste Opfer.
- Die Befreiungstheologen strebten den „Dritten Weg" an. Die „Option für die Armen" wurde zur kirchlichen Leitlinie, motiviert von der Enzyklika „Populorum progressio" (1967, Papst Paul VI.)
- Allerdings kritisierten die Befreiungstheologen auch die Rolle der Kirche innerhalb der lateinamerikanischen Gesellschaften. Leonardo Boff erhielt 1985 von Kardinal Joseph Ratzinger (* 1927), später Papst Benedikt XVI., wegen seiner Schriften ein zeitlich begrenztes Lehr- und Veröffentlichungsverbot, da er die Machtstrukturen und die reale Gestalt der Kirche kritisierte.

Wirtschaftsethik

- Die Wirtschaftsethik erarbeitet Normen zu Fragen der sozialen Gerechtigkeit und Nachhaltigkeit.
  - Ethik und Ökonomie haben unterschiedliche Ziele. Während die Ökonomie auf Gewinnmaximierung setzt, stellt die Ethik die Frage nach einem richtigen und guten Leben.
  - Ein reines Streben nach Reichtum galt für Aristoteles als widernatürlich.
  - Die UN-Millenniumziele und deren Weiterentwicklung 2015 schreiben bis zum Jahr 2030 als weltweite Ziele u.a. fest: Frieden, Armut beenden, Ernährungssicherheit, Wasser für alle, Hygieneverbesserung, Bildung, Sicherheit und Abrüstung, Umweltschutz, Garantie der Menschenrechte, Beschäftigung für alle.
- Argumente gegen die kapitalistische Ordnung der Weltwirtschaft:
  - Weltweit sterben viele Menschen an Hunger oder leben in Armut.
  - Das Geld ist extrem ungleich verteilt: Acht Prozent der Menschen besitzen 50 Prozent des Vermögens.
  - Politisch instabile afrikanische Länder südlich der Sahara werden nicht in die wirtschaftlichen Prozesse einbezogen.
  - In Schwellenländern sind die Arbeitsbedingungen oft menschenfeindlich, die Menschen arbeiten wie Sklaven. Es herrschen Zwangs- und Kinderarbeit, Organhandel, Prostitution.
  - Das Wirtschaftswachstum zerstört die natürlichen Ressourcen der Erde.
- Argumente für die aktuelle Wirtschaftsordnung:
  - In westlichen Ländern leben die Menschen heute im Wohlstand mit einer sehr guten Gesundheitsversorgung.
  - Immer mehr Länder beteiligen sich am globalen Handel, wodurch deren Wohlstand zunimmt.
  - Die absolute Armut konnte in den letzten 30 Jahren laut IWF deutlich reduziert werden.

Berufsethik

- **Päpstliche Sozialenzykliken zur Ethik in der Arbeitswelt:**
  - Schon in der Sozialenzyklika „Rerum novarum" (1891) forderte Leo XIII. (* 1810; † 1903) eine menschenwürdige Entlohnung der Arbeiter und die Rücksichtnahme der Unternehmer auf das Gemeinwohl.
  - „Laborem exercens" (1981), die Sozialenzyklika von Papst Johannes Paul II. (* 1920; † 2005), befasst sich mit dem Wert der menschlichen Arbeit. Das Recht auf Arbeit ist höher zu bewerten als das Anhäufen von Kapital.
- Die **drei Dimensionen der Arbeit** sind:
  - Personalfunktion: Durch die Arbeit ist der Mensch am Schöpfungsauftrag beteiligt. Arbeit ermöglicht die Mitgestaltung der Umwelt und des Gemeinwesens.
  - Naturalfunktion: Die Arbeit sichert die Lebensgrundlage.
  - Sozialfunktion: An der Arbeitsstelle werden auch gesellschaftliche Beziehungen ermöglicht und realisiert, der Arbeitende erfährt gesellschaftliche Anerkennung.
- Aus dem christlichen Menschenbild ergibt sich für die Arbeitswelt:
  - Der Mensch und nicht das Kapital steht im Mittelpunkt. Ausbeutung und Instrumentalisierung sind nicht mit dem christlichen Menschenbild vereinbar.
  - Die Sonntagsruhe soll den Ausgleich zum Arbeitsalltag herstellen und eine Zeit für das Gebet ermöglichen.
  - Die menschliche Würde hängt nicht von der Leistung des Einzelnen ab.
  - Die Arbeit muss nach dem Gerechtigkeitsprinzip gestaltet werden: Man muss von der Vollzeit-Arbeit leben können und einzelne dürfen nicht unverhältnismäßig mehr verdienen.
- Der Philosoph **Robert Pfaller** (* 1962) stellt die Frage, ob wir leben, um zu arbeiten. Unsere Gesellschaft ist zunehmend genussfeindlich. Die Menschen lassen sich von Zwängen und Effektivitätskriterien bestimmen, anstatt ihr Leben zu genießen.

Bioethik

- Die Bioethik beschäftigt sich mit Fragen zum Umgang mit dem Leben von Menschen, Tieren und Pflanzen.
- Institutionell geschieht dies in Deutschland in diesen Gremien:
  - Der **Deutsche Ethikrat** (Vorläufer Nationaler Ethikrat, 2001–2008) ist ein unabhängiger Sachverständigenrat, in dem Ärzte, Juristen, Theologen und andere Wissenschaftler vertreten sind und der dem deutschen Bundestag in ethischen Fragen beraten zur Seite steht.
  - Die **Zentrale Ethikkommission** der Bundesärztekammer gibt ebenfalls Stellungnahmen zu bioethischen Themen ab.
- Die Bioethik widmet sich Fragestellungen **aus unterschiedlichen Bereichen**:
  - **Gentechnik**: Die „rote Gentechnik" beschäftigt sich mit Themen wie Medikamentenherstellung, Gentherapie und Stammzellenforschung. Ein umstrittenes Gebiet ist die Forschung an überzähligen Embryonen, die bei der In-Vitro-Fertilisation entstehen. Bei der „grünen Gentechnik" geht es um die genetische Veränderung von Pflanzen. Die „weiße Gentechnik" beschäftigt sich mit der Verwendung genetisch veränderter Mikroorganismen in der Industrie.
  - Zur Bioethik gehören aber auch Fragen des **Umweltschutzes** und des **Tierschutz**. Die Naturethik thematisiert den Artenschutz, die Erhaltung von Biotopen und Landschaften. Mit dem Schutz von Wasser, Boden und Klima befasst sich die Umweltethik. Der Tierschutz formuliert Ideen zum artgerechten Umgang mit Nutztieren.
  - **Medizinethische Themen** spielen in der Bioethik ein wichtige Rolle. Beispiele sind die Debatte zur Sterbehilfe oder Fragen rund um die Reproduktionsmedizin (Abtreibung, künstliche Befruchtung, Eizellspende und Klonen).

Bioethische Fragen in Bezug auf den Menschen

- Wann beginnt Leben, wann hört es auf? Diese Fragen stellen sich z.B. im Zusammenhang mit Organtransplantation, Stammzellenforschung, Pränataldiagnostik oder Abtreibung.
- Die Frage **nach dem Lebensende** – der Hirntod als Kriterium
    - Die Feststellung des Hirntods ist die Voraussetzung zur Organentnahme für eine Organspende. Als Hirntod gilt der unumkehrbare Ausfall aller Hirnfunktionen. Kriterien sind der Verlust des Bewusstseins (Koma), der Ausfall des Hirnstamms und der Spontanatmung. Der Deutsche Ethikrat hat den Hirntod als Zeichen für das Lebensende mehrheitlich anerkannt, die Deutsche Bischofskonferenz stimmte 2015 dieser Definition zu.
    - Ob hirntot wirklich „tot sein" bedeutet, wird jedoch in der Gesellschaft weiter diskutiert. Viele Menschen beschäftigt die Frage, ob sich der hirntote Mensch noch im Sterbeprozess befindet.
- Fragen am **Beginn des Lebens**
    - Nach **christlicher Ansicht** beginnt das Leben mit der Verschmelzung von Ei- und Samenzelle. Diese Auffassung vertreten die christlichen Kirchen und lehnen Abtreibung daher ab.
    - Es gibt auch andere Positionen, z.B. die Meinung, das Leben beginne erst mit der Einnistung der befruchteten Eizelle in die Gebärmutter; Verfechter des therapeutischen Klonens und der Stammzellenforschung vertreten diese Position. Oder die Meinung, dass erst mit der Ausbildung des zentralen Nervensystems menschliches Leben beginnt, ein früher Schwangerschaftsabbruch wird so gerechtfertigt.
    - Die „Allgemeine Erklärung über das menschliche Genom und Menschenrechte" der 29. UNESCO-Generalkonferenz verbietet in Artikel 11 „Praktiken, die der Menschenwürde widersprechen, wie reproduktives Klonen von Menschen".
    - In Deutschland sind das therapeutische wie reproduktive Klonen verboten, mit Einschränkungen auch die Präimplantationsdiagnostik (PID) sowie der Schwangerschaftsabbruch. Mit der PID kann man bei Embryonen, die durch künstliche Befruchtung entstanden sind, genetische Veränderungen im Reagenzglas diagnostizieren und diese selektieren. In Deutschland ist dies nur in sehr engen Grenzen, z.B. bei schwerer genetischer Vorbelastung des Paares, erlaubt.

Medienethik

- Digitale Medien haben unseren Alltag in den letzten Jahrzehnten massiv verändert. Positive Aspekte der Mediennutzung sind:
  - Die weltweite Kommunikation aller Menschen wird möglich. Die Forschung wird globalisiert. Jeder kann Filme und Texte produzieren und veröffentlichen. Informationen sind schnell, überall und umfassend zugänglich für jeden Internetnutzer.
- Digitale Medien bergen auch Gefahren. Wir sind nicht nur Rezipienten, sondern auch Produzenten und Distribuenten der Massenmedien. Posts können auch ethische Fragen aufwerfen:
  - Pornographische und gewaltverherrlichende Beiträge sind praktisch jedem zugänglich.
  - Rassistisches Gedankengut kann schnell verbreitet werden.
  - Cybermobbing ermöglicht eine schwer überschaubare und kontrollierbare psychische Form von Gewaltausübung.
  - Der mangelnde Datenschutz ermöglicht es, Nutzerprofile auszuwerten und das private und berufliche Umfeld auszuspionieren.
- Die Reaktion der katholischen Bischöfe:
  - Die Deutsche Bischofskonferenz veröffentlichte 2011 ein medienethisches Impulspapier zu den Herausforderungen der digitalen Mediengesellschaft, Titel „Virtualität und Inszenierung".
  - Darin formuliert sie Handlungsempfehlungen zu den Themen Gewalt in den Medien, Datenschutz und soziale Netzwerke.
- In Deutschland gibt es folgende Ansätze zum Umgang mit digitalen Medien:
  - Eine konservative Bewegung gegen die Trivialisierung durch das Internet: Sie richtet sich gegen den Werteverfall in Form von Sexualisierung und Kriminalisierung und die negative und destruktive Darstellung des Menschen in den Medien, wodurch die Gefahr einer negativen Umerziehung der Nutzer bestehe.
  - Die Medienpädagogik versucht seit den 1970er-Jahren zu einem kritischen Umgang mit den Medien zu erziehen und ein gesellschaftskritisches Bewusstsein zu formen.

Globale Ethik in der einen Welt

- Die ethischen Wertvorstellungen unserer Gesellschaft haben sich in den letzten Jahrzehnten massiv gewandelt. Die Globalisierung bewirkt, dass unterschiedliche Kulturen mit unterschiedlichen Wertvorstellungen aufeinandertreffen und Konflikte entstehen.
- Voraussetzung für die **friedliche Koexistenz verschiedenster Lebenseinstellungen** sind
  - das Streben nach einem gesellschaftlichen Grundkonsens bezüglich der Themen Gerechtigkeit und Nachhaltigkeit (Umwelt- und Naturschutz, Frieden und Sicherheit, Sicherung des Existenzminimums, kulturelle Teilhabe, Möglichkeiten zur Interaktion und Kommunikation) und
  - die Beachtung der Grundwerte unserer Gesellschaft wie Menschenwürde, Menschenrechte, Gewaltfreiheit, Vernunft, Toleranz, die sozialen Anweisungen der Zehn Gebote, die Sozialprinzipien und die Demokratie.
- 1993 gelang es dem Theologen **Hans Küng** (* 1928), Vertreter verschiedenster Religionen in Chicago zu einem „**Parlament der Weltreligionen**" zusammenzuführen. Die Teilnehmer bekannten sich in der „Erklärung zum Weltethos" zu den folgenden Werten:
  - Gewaltlosigkeit und Ehrfurcht vor dem Leben,
  - eine gerechte Wirtschaftsordnung mit gegenseitiger Solidarität,
  - Toleranz gegenüber anderen Wertvorstellungen,
  - Gleichberechtigung von Mann und Frau.
  - Die Weltreligionen tragen die Verantwortung dafür, dass Hoffnungen, Ziele, Ideale und Maßstäbe wachgehalten, begründet und gelebt werden können.
  - Voraussetzungen für das Projekt Weltethos sind der Dialog der Religionen und Kulturen, eine kulturübergreifende Werteerziehung, ethische Kompetenzen in der Wirtschaft sowie Kooperation und Integration als Merkmale der internationalen Politik.

Die christliche Verantwortung für Schöpfung, Gerechtigkeit und Frieden

- In der „Ökologie"-Enzyklika „Laudato si" von 2015 betont Papst Franziskus (* 1936) den Zusammenhang von **Schöpfung**, **Gerechtigkeit** und **Frieden.** Die Amazonas-Synode (2019) hebt den Schutz indigener Ureinwohner und die Gefahren des Klimawandels hervor.
- **Schöpfung**: Der Mensch ist Gottes Ebenbild (Gen 1,26) und zur Mitarbeit an der Schöpfung berufen (Gen 2, 15).
- Es gibt unterschiedliche **Vorstellungen von Gerechtigkeit**, z. B.:
  - Tauschgerechtigkeit: faire Bedingungen, z. B. für erbrachte Arbeit muss ein fairer Lohn gezahlt werden.
  - Verteilungsgerechtigkeit: Die Verteilung der Güter soll nach Leistungen, Bedürfnissen und Fähigkeiten erfolgen, die Rechte von Armen und Ausgebeuteten müssen dabei beachtet werden.
  - Verfahrensgerechtigkeit: fordert die Fairness und Sicherheit im Rechtsverfahren, die Gleichheit vor dem Gesetz und die Unparteilichkeit der Gerichte.
- **Frieden**:
  - Die christliche Friedensethik verlangt den Schutz vor Gewalt, die Förderung der Freiheit, den Abbau von Not und die Anerkennung kultureller Verschiedenheit.
  - Das seit der Antike entwickelte Konzept des „gerechten Krieges" bewertet einen Krieg als gerecht, wenn er von einer legitimierten Autorität in guter Absicht begonnen wird als letzte unvermeidliche Möglichkeit zur Konfliktlösung mit Aussicht auf Erfolg.
- Der **konziliare Prozess** (= gemeinsame Positionierung der christlichen Kirchen zu den Themen Bewahrung der Schöpfung, Gerechtigkeit und Frieden) begann 1983 mit der Ökumenischen Vollversammlung in Vancouver, die die Stationierung von Massenvernichtungswaffen ablehnte. Man einigte sich ferner auf einen christlichen Bund gegen Rassismus, Sexismus, Militarismus, Kasten- und Klassenherrschaft. In Seoul (1990) formulierte die ökumenische Weltversammlung zehn Affirmationen, d.h. Bekenntnisse zu den Themen Macht, Armut, Rassismus, Gleichberechtigung, Wahrheit, Frieden (Micha 4,3–4), Schöpfung, Besitz der Erde, Kinder- und Menschenrechte.

Ehe und Familie im Wandel

- Das Grundgesetz (Art. 6) sichert der Familie eine besondere Stellung zu. Es spiegelt die christlichen Werte wider.
  - Die Ehe ist vom Staat geschützt.
  - Eltern haben das natürliche Recht, ihre Kinder zu erziehen.
  - Eine Mutter hat Anspruch auf Schutz und Fürsorge.
  - Uneheliche Kinder sollen wie eheliche Kinder behandelt werden.
- Seit Oktober 2017 ist es dank des „Gesetzes zur Einführung des Rechts auf Eheschließung für Personen gleichen Geschlechts" in der BRD möglich, eine zivilrechtliche Ehe einzugehen. Gleichgeschlechtliche Paare können nun ebenfalls das Erbe, die Steuern und den Unterhalt wie Ehepaare regeln. Steuerlich ist auch das Ehegatten-Splitting möglich.
- Der gesellschaftliche Trend geht zu Pluralisierung, Individualisierung, Säkularisierung (→ S. 16), auch wenn viele Menschen nach wie vor den Wunsch nach stabilen Beziehungen spüren. Im Vergleich zu den 1950er-Jahren heiraten heute weniger Paare und die Zahl der Scheidungen hat zugenommen. Ebenso hat die Zahl der Kinder pro Familie und die Zahl der Geburten allgemein abgenommen. Es gibt immer mehr alleinerziehende und nicht-eheliche Geburten. Die Zahl der Single-Haushalte hat dagegen zugenommen.
- Aus dem Wandel der Lebensformen ergeben sich Konflikte zwischen der kirchlichen Lehre und den modernen Lebensrealitäten der Gläubigen.
- Gemäß des jüdischen Philosophen Martin Buber (* 1878; † 1965) ist „alles wirkliche Leben […] Begegnung" (→ S. 82). Der Mensch wird „am Du zum Ich". Seine Gedanken lassen sich auch auf die Ehe übertragen:
  - Der Mensch hat Sehnsucht nach Gemeinschaft.
  - Mann und Frau können sich helfen.
  - Sie können eine Familie gründen und Kinder erziehen.

Ehe und Ehelosigkeit aus katholischer Sicht

- Die Bibel beschreibt die Partnerschaft von Mann und Frau.
  - Die Gottebenbildlichkeit verwirklicht sich in zwei Geschlechtern (Gen 1,27 f.), die Geschlechtlichkeit ist gottgewollt.
  - Die erotische Seite der Liebe sowie deren Kraft wird im Hohelied thematisiert: „Stark wie der Tod ist die Liebe." (Hld 8, 4,11)
  - Paulus hebt hervor, dass die Ehe ein Bund ist wie die Beziehung zwischen Christus und der Kirche (Eph 5,31 f. → S. 133).
  - Dem Schutz der Frau dient das Verbot der Ehescheidung (Mt 5,27–32) in der Bergpredigt. Dem Wohl der Frau dient auch die Abweichung vom jüdischen Gesetz in der Aussage der Bergpredigt (Mt 5,31 f.). Jesus erklärt die Ehe als wichtig, eine grundlose Scheidung gilt als Sünde (→ S. 107).
  - Das sogenannte „Privilegium Paulinum" (1 Kor 7,10–15) räumt ein, dass es Situationen geben kann, in denen eine Ehetrennung möglich ist; bei Paulus waren dies unvereinbare religiöse Grundhaltungen.
- **Merkmale des katholischen Eheverständnisses**: Die Ehepartner sollen monogam leben, mehrere Ehen gleichzeitig sind verboten. Die Ehepartner müssen offen sein für Kinder. Die Ehe gilt lebenslang. Die Wertschätzung der Ehe zeigt sich darin, dass sie ein Sakrament ist, ein wirksames Heilszeichen, in dem die Zuwendung Gottes zu den Menschen sichtbar wird (→ S. 133).
- **Die Berufung zur Ehelosigkeit**: Zur Zeit Jesu war die Ehe im Judentum die übliche Lebensform (1 Kor 7,2–4). Die Ehelosigkeit der asketisch motivierten jüdischen Gruppe der Essener bildete die Ausnahme. Im Matthäus-Evangelium spricht Jesus gleichwertig über Ehe und Ehelosigkeit (Mt 19, 3–12). Paulus empfahl die Ehelosigkeit wegen der Naherwartung des Reiches Gottes und wegen der Missionsreisen (1 Kor 7,25–35). Paulus führte weiter aus, dass es in der „Frage der Ehelosigkeit kein Gebot des Herrn" gebe (1 Kor 7, 25). Angesichts des Priestermangels in abgelegenen Amazonas-Regionen wird in der Amazonas-Synode (2019) die Forderung wiederholt, sogenannte "viri probati" (verheiratete Diakone) zu Priestern zu weihen.

Utopien

- Utopien (griech. für kein Ort, nirgends) sind Ideen, die noch nicht verwirklicht sind. Sie beschreiben einen Idealzustand, den man sich für die Zukunft wünscht bzw. erträumt. Sie machen Hoffnung auf eine bessere Zukunft und können Menschen motivieren, sich dafür einzusetzen. Oft sind es Missstände, die Utopien entstehen lassen. Aus Utopien können aber auch Fanatismus, Fundamentalismus, Totalitarismus und Terrorismus erwachsen. Man unterscheidet politische, gesellschaftliche und religiöse Utopien.
- Platons „Politeia" als Beispiel für eine **politische Utopie**:
  - In diesem Werk von Platon (* um 428; † um 347 v. Chr.) geht es um die Frage nach der Gerechtigkeit. Platon entwirft einen Idealstaat, in dem jeder Bürger tut, wofür er am besten geeignet ist. Dazu teilt er die Gesellschaft in Stände ein: in Kaufleute und Handwerker, in Wächter und Philosophen, die den Staat lenken sollen. Diese können ihre Erkenntnis an die anderen Menschen weitergeben (Höhlengleichnis → S. 18).
  - Der von Platon entworfene Staat hat jedoch totalitäre Züge und schränkt die Freiheit des Einzelnen stark ein.
- Thomas Morus Roman „Utopia" als **gesellschaftliche Utopie**:
  - Morus (* 1478, † 1535) schrieb 1516 einen Roman, in dem er der Situation Englands im 16. Jahrhundert eine ideale Gesellschaft gegenüberstellte, angesiedelt auf der Insel Utopia.
  - Auf Utopia hat jeder Mensch die Pflicht zu arbeiten. Jedem wird Bildung zuteil und es herrscht religiöse Toleranz. Es gibt kein Privateigentum, alles gehört der Gemeinschaft. Utopia ist ein kommunistischer Gesellschaftsentwurf, noch weit vor Marx († 1883) formuliert (→ S. 62). Der Staat ist patriarchal geprägt und streng hierarchisch geordnet. Mithilfe der Vernunft sollen Gerechtigkeit und Frieden garantiert werden sowie Meinungsfreiheit, gleiches Recht auf Gesundheit und Bildung.
- Das biblische Hoffnungsbild in Jesaja 65, 16e–25 ist eine **religiöse Utopie**: Die Geschichte Israels ist eine Heilsgeschichte. Sie führt zu einer Welt ohne Leid.

Dystopie

- Eine Dystopie (griech. „dys“ = schlecht) ist das Gegenteil zur positiven Utopie. Sie entwirft ein negatives Bild der zukünftigen Menschheit, die sich zu ihrem Nachteil entwickelt. Sie bezweckt eine Änderung der Verhältnisse durch Abschreckung. Beispiele:

- **„The Time Machine“** aus dem Jahr 1895 von Herbert George Wells (* 1866; † 1946) gilt als einer der ersten dystopischen Texte. Der Roman beschreibt einen Zeitreisenden, der in das Jahr 802701 reist und auf zwei unterschiedliche Menschen trifft. Die kindlich-naiven Eloi scheinen ein glückliches Leben zu führen, ohne arbeiten zu müssen, während die unterirdisch lebenden Morlocks in Höhlen Produktionsmaschinen betreiben. Der Reisende vermutet, dass sie die Sklaven der Eloi sind. Es stellt sich jedoch heraus, dass die Morlocks die Eloi in der Nacht aufsuchen, um sie zu töten und zu essen.
  Diese Dystopie kann gelesen werden als Kritik an der kapitalistischen Klassengesellschaft. Sie übt gleichfalls Kritik an der Vorstellung, dass die Entwicklung des Menschen immer in die positive Richtung verläuft. Sie kann auch zu geistigem und seelischem Verfall führen.

- **„Brave new world“** von Aldous Huxley (* 1894; † 1963) von 1932. In der Welt dieses Romans werden die Menschen künstlich gezeugt. Mittels Klonen und Konditionierung werden sie zu funktionierenden und angepassten Wesen gemacht. Sie konsumieren die Droge Soma, die kritisches Denken und Hinterfragen der gesellschaftlichen Ordnung verhindert.

- **„1984“**, geschrieben von George Orwell (* 1903; † 1950) im Jahr 1949: Die Bürger in diesem Roman leben in einem totalitären Überwachungsstaat, ihre Freiheit ist eingeschränkt. Wissen und Fakten werden manipuliert und Gedanken kontrolliert.

- **„Die Tribute von Panem“** (2008) von Suzanne Collins (* 1962): Jugendroman, in dem grausame Spiele inszeniert werden, um die Macht der politischen Elite zu demonstrieren und die ausgebeuteten Menschen daran zu hindern, sich gegen die Oberschicht zu erheben.

Karl Poppers Kritik am utopischen Denken

- Karl Popper (* 1902; † 1994) gilt als Vertreter des „**Kritischen Rationalismus**". Er hat den Faschismus und Stalinismus als totalitäre Staatsformen, die eine Utopie verwirklichen wollten, erlebt. Die Folgen waren menschenverachtend und verheerend.
- Totalitäre Staatsformen haben laut Popper ihren Ursprung in den Theorien von Platon, Hegel und Marx.
  - Platon hat die Ständegesellschaft und unser ungerechtes Bildungssystem verschuldet (→ S. 162).
  - Hegel war ein Verteidiger der preußischen Staatsmacht. Mit seiner unverständlichen Sprache wollte er Kritiker einschüchtern (→ S. 165).
  - Popper kritisierte auch Marx' dialektisches Geschichtsmodell (→ S. 165) und dessen deterministisches Denken. Immerhin hat aber Marx die Ausbeutung der Menschen wahrgenommen und wollte dies ändern.
- Poppers **Kritik** an Utopien:
  - Wenn das Heil in einem bestimmten Plan liegt und man Andersdenkende nicht mit Argumenten überzeugen kann, dann bleibt nur propagandistische Überredung oder Gewaltanwendung.
  - Auch können ferne Ideale von der Wahrnehmung und Verbesserung der Wirklichkeit ablenken und in Gewalt und Revolution enden. Die gegenwärtigen Menschen werden schlecht behandelt, um ein fernes Ziel zu erreichen.
  - Da wir die Folgen unserer Handlungen nie vollständig abschätzen können, entwickeln sich immer ungewollte Nebenwirkungen. Deshalb sind Utopien für Popper waghalsige Großexperimente mit Menschen, deren Ausgang niemand vorhersagen kann.
  - Popper fordert stattdessen zu konkreten Handlungen auf, um die Lebensumstände der Menschen zu verbessern, statt Ideale zu formulieren. Das Leid zu bekämpfen, sollte das wichtigste Ziel der Politik sein. Konkretes Leid ist leicht zu erkennen: Armut, Krankheit, Krieg, Unterdrückung etc.
- **Kritik an Popper**: Ohne gemeinsames Ziel gibt es keine Richtung, in die Menschen sich entwickeln wollen. Investitionen in die Zukunft müssen auch langfristig geplant werden. Ohne Utopien gibt es keine positive Motivation. Ziel muss sein, Utopien zu entwickeln, in denen Freiheit und Menschenwürde zentral sind.

Der Lauf der Geschichte: philosophische Positionen

- **Zyklische Geschichtsbilder** sprechen von der Wiederholung geschichtlicher Ereignisse, z.B. Oswald Spengler mit seiner Kulturkreistheorie (→ S. 173), oder asiatische Philosophien.
  Teleologische Geschichtsbilder gehen davon aus, dass sich die Geschichte auf ein Ziel hin entwickelt, z.B. Karl Marx (Ziel ist die klassenlose Gesellschaft) oder das jüdisch-christliche Geschichtsbild, das Geschichte als Heilsgeschichte begreift.
- **Immanuel Kant** (* 1724; † 1804): In seinem Werk **„Zum ewigen Frieden"** (1795) beschreibt er den Weg zu dauerhaftem Frieden zwischen Staaten.
  - Verboten sind geheime Vorbehalte bei Friedensverträgen. Staaten dürfen sich nicht anderer Staaten bemächtigen, keine stehenden Heere haben und keine Kriegskredite aufnehmen, sich nicht in die Verfassung und Regierung andere Staaten einmischen und keine Vertrauen zerstörenden Hinterhältigkeiten anwenden.
  - Geboten ist eine demokratische Grundordnung (Gewaltenteilung), internationales Recht soll höher bewertet werden als nationales, die freie Mobilität der Bevölkerung soll ermöglicht werden, auch über Grenzen hinweg.
  - Laut Kant sind Krieg und Fanatismus zum Nachteil der Menschen, die Vernunft wird sich seiner Meinung nach durchsetzen.
- **Georg Wilhelm Friedrich Hegel** (* 1770; † 1831): **Vorlesungen über die Philosophie der Geschichte**
  - Hegel ist Hauptvertreter des Idealismus: Zuerst existieren die Ideen, die Wirklichkeit wird im Sinn dieser Ideen geformt.
  - Geschichte ist ein Bewusstwerden des Weltgeistes, der ursprünglich unbegrenzt war. Je mehr die Menschen ihre Freiheit erkennen, umso mehr finden sie zurück zu ihrer Unendlichkeit.
  - Die Geschichte verläuft dialektisch, d.h. immer wenn die Synthese zweier gegensätzlicher Kräfte gelingt, entwickelt sich etwas Neues, Besseres. Aus Kriegen und Katastrophen lernt die Menschheit, eine bessere Gesellschaft zu entwickeln (→ S. 164).
  - **Karl Marx** (* 1818; † 1883): **Kommunistisches Manifest**: Marx will Hegels Gedanken „vom Kopf auf die Füße" stellen: Zuerst ist die Wirklichkeit, die Ideen passen sich an diese an. Die Geschichte verläuft in Phasen, aus Konflikten und Widersprüchen geht eine neue Lösung hervor und die Gesellschaft entwickelt sich weiter (→ S. 164).

Der Lauf der Geschichte: Israels Erfahrung und Hoffnung

- Die Geschichte verläuft im Idealfall linear zu einem guten Ende. Immer, wenn Israel den Bund mit Gott brach, gefährdete es dieses gute Ende. Also erweckte Gott Propheten, die das Volk auf den rechten Weg zurückführen sollten (Nathan, Amos).
- Die Vernichtung Israels und die Zerstörung Jerusalems (538 v. Chr.) deuteten die Überlebenden als Folge der Sünde, der Abkehr von Gott (Jes 1,4). Im Babylonischen Exil erhofften die Israeliten, dass Gott in einer fernen Zukunft Israel neu errichten möge, wie Propheten dies verkündeten (Jes 49, 9d–13) → S. 86.
- Die Israeliten erwarteten ein neues Reich wie zur Zeit Davids, das ein Nachkomme Davids errichten sollte, ein Messias aus dem Stamm Davids (Jes 9, 5–6) → S. 102. Die Pracht des neuen Jerusalems werde so groß sein, dass es in dieser Welt kaum vorstellbar ist; die neue Stadt werde Babylon bei weitem übertreffen (Jes 54, 11–17).
- Auch als im zweiten Jahrhundert vor Christus das Judentum in Gefahr war, total ausgelöscht zu werden, kämpften fromme Israeliten in den Makkabäer-Aufständen darum, ihre Religion ausüben zu dürfen, und konnten dies den Feinden abtrotzen. So setzte sich die Überzeugung durch, dass Gott sein Volk aus jeder Katastrophe retten werde. Das Ende der Geschichte ist deshalb nur als endgültiger Sieg Gottes über alle Feinde und alles Böse denkbar. Gott rettet sogar aus dem Tod (Jes 25,8).

Das Ende der Geschichte: Eschatologie

- Eschatologie bedeutet die „Lehre von den letzten Dingen" (griech. „eschaton" = das Letzte, Äußerste). Sie beschreibt die Hoffnung auf Vollendung. Dieses Thema umfasst sowohl das Ende des einzelnen Menschen, die Frage nach der individuellen Auferstehung (→ S. 170 f.) als auch das Ende der ganzen Schöpfung.
- Das Judentum zur Zeit Jesu erwartete den Anbruch einer innerweltlichen Heilszeit und die Ankunft des Messias (→ S. 102), der das Volk von der Fremdherrschaft der Römer befreit und nach einem Weltgericht ein neues Zeitalter begründet.
- Jesus verstand das Reich Gottes schon als angebrochen. Er war überzeugt davon, dass Gott es bald vollenden wird (Naherwartung). Das Reich Gottes verwirklicht sich in der Liebe zu Gott und den Menschen (→ S. 104). Mit seiner Lehre vom Reich Gottes setzte Jesus neue Akzente: Unrecht, Leid und Tod werden enden, stattdessen werden Frieden, Heil und Gerechtigkeit das Leben der Menschen prägen. In den Worten und im Handeln Jesu ist diese Heilszeit schon erkennbar angebrochen (→ S. 105).
- Mit Jesus hat das Reich Gottes schon begonnen, es ist aber noch nicht vollendet. Wir Menschen sollen daran mitarbeiten, aber Gott allein kann es vollenden. Diese Einschränkung, dass die Zukunft und die letzte Vollendung in der Hand Gottes liegen, nennt man **eschatologischer Vorbehalt**.
- Paulus glaubt an die baldige Wiederkehr Christi, mit der das Reich Gottes verwirklicht wird. Die Toten werden auferstehen im Reich Gottes (→ S. 171).
- Die Botschaft vom Reich Gottes lebt in der Spannung zwischen seinem Anbruch mit dem Auftreten Jesu und der Erwartung der Vollendung bei der Wiederkunft des Messias. In der Theologie werden zwei Begriffe verwendet:
  - **Präsentische Eschatologie** meint, dass das Reich Gottes schon beginnt in der Gegenwart, wenn Jesu Lehre befolgt wird (Mk 1,15).
  - **Futurische Eschatologie** meint die Vorstellung, dass es in der Zukunft eine dauerhafte Heilszeit geben werde.

Apokalyptik in der Bibel

- Apokalyptik (griech. Enthüllung/Offenbarung) thematisiert das offensichtliche Unheil der Gegenwart und das noch verborgene Heil der Zukunft, das Gott bewirkt, die endgültige Überwindung allen Unheils durch Gott. So ist jede Katastrophe nur die Vorstufe zu neuem Heil.
- **Apokalyptische Schriften des Alten Testaments**:
  - Apokalyptische Visionen sind dualistisch geprägt: Sie thematisieren das Unheil der Gegenwart und das Heil in der Zukunft.
  - Die Propheten, z. B. Jesaja, kündigten den Untergang der gegenwärtigen Welt an (Jes 24, 3–4), auf den eine neue, positive Welt folgt. Sie wird beschrieben als Festmahl auf dem Berg Zion (Jes 25, 6–8), als Ort der Ruhe, als Zelt, das man nicht abbricht (Jes 33, 20), als blühende Steppe, als Ort des Friedens und Heils (Jes 35, 1–10).
  - Das **Buch Daniel** thematisiert das Schicksal eines jungen Mannes, der ins Babylonische Exil verschleppt wird. Seine Visionen vom Untergang Babylons werden 538 v. Chr. mit dem Ende des babylonischen Reiches real. Das Buch Daniel will die Gläubigen trösten, dass die politische Unterdrückung nicht von Dauer ist. In der Vision Daniels geht der Anbruch der Gottesherrschaft mit einem vernichtenden Urteilsspruch über alle einher, die gegen Jahwes Gebote handeln (Dan 7, 9–14). In Daniel 7 tritt ein Menschensohn auf (→ S. 100), der nach einem Endgericht die Herrschaft antreten wird. Im Neuen Testament wird Jesus mit ihm in Verbindung gebracht (Mk 14,62).
- **Apokalyptische Schriften des Neuen Testaments**:
  - Auch in den **Evangelien** findet sich apokalyptisches Gedankengut. Beschrieben wird die Verfolgung von Christen Ende des ersten Jahrhunderts. Die Menschen sehnten einen Messias herbei (Mk 13, 21 f.), der die Wende zum Guten vollbringt. Jesus fordert Wachsamkeit (Mk 13,35), doch ist das Weltgericht eine hoffnungsvolle Botschaft. Wer ihm nachfolgt, wird leben. Jeder hat Aussicht auf Erlösung, da Gott gnädig ist (Lk 21,28).

- Im Neuen Testament steht nicht die Katastrophe im Vordergrund, sondern der Anbruch des Reiches Gottes (→ S. 104, 171) mit dem Auftreten Jesu Christi. Er führt die Menschen zum Heil.
- Damit verknüpft ist die Vorstellung von einem Gericht, in dem jenen Menschen, die gemäß Jesu Vorbild gelebt haben, ihr gerechter Lohn zugesprochen wird. Entscheidend dafür ist, wie der Mensch sich seinen Mitmenschen gegenüber verhalten hat (Mt 25, 31– 46).
- Der Mensch kann die Zukunft mitgestalten, er ist nicht das Opfer apokalyptischer Ereignisse. Die letzte Erlösung liegt jedoch bei Gott (eschatologischer Vorbehalt → S. 167).
- Die **Offenbarung des Johannes** wurde vermutlich in der Zeit von 90 n. Chr. bis 138 n. Chr. geschrieben. Zu dieser Zeit gerieten die christlichen Gemeinden vermehrt unter Druck, weil sie den römischen Kaiserkult ablehnten, woraus der Vorwurf entstand, dem Römischen Reich die Loyalität zu verweigern. Da es zu gefährlich war, die römische Herrschaft öffentlich zu kritisieren, bedient sich die Offenbarung verschiedener Symbole und Bilder. Die „Hure Babylon" oder „das Tier" z. B. sind Feinde Gottes und stehen für die Verfolger der Christen.
- Die Offenbarung des Johannes wollte Christen in der Situation der Verfolgung zum Durchhalten ermutigen. Sie sollten Kraft schöpfen aus dem Gedanken, dass Gott am Ende siegen wird und alles Leid ein Ende hat. Im Reich Gottes wird es weder Tod noch Trauer geben (Apk 21,4), Gottes unverhüllte Gegenwart wird alles erfüllen (Apk 22,5).

Was passiert nach dem Tod? Auferstehungsglaube und ewiges Leben

- Schon immer fragen sich die Menschen, ob und wie es nach dem Tod weitergeht. Manche Menschen möchten durch ihre Kinder weiterleben. Andere streben danach, in ihren Werken in Erinnerung zu bleiben. In der modernen Medizin gibt es Versuche, den physischen Körper weiterleben zu lassen.
- Der Glaube an ein Leben nach dem Tod gibt dem Dasein einen Sinn, der über das Leben hinausreicht, das durch den Tod begrenzt ist. Krankheit, Leid etc. sind leichter zu bewältigen. Der Druck ist genommen, möglichst viel im Leben erreichen zu müssen.
- Den Versuch, die Zufälligkeit und Endlichkeit des eigenen Daseins mit Sinn zu erfüllen, bezeichnet man als **Kontingenzbewältigung**.
- **Tod und Leben im Alten Testament**:
  - Ursprünglich glaubten die Juden an den Scheol, die Unterwelt. Sie ist kein schöner Ort, nicht zur Bestrafung da, sondern der Ort der Toten. Jeder kommt nach dem Tod dorthin, egal ob man ein gutes oder schlechtes Leben geführt hat.
  - Zunächst sind die Toten tot, sie können Gott nicht loben und nichts von ihm erhoffen (Ps 6,6; Jes 38,18 f.). Das Alte Testament kennt aber auch Vorstellungen einer Seele, die vor dem Grab gerettet werden kann (Ijob 33,15), die Seelen der Gerechten sind in Gottes Hand (Weish 3,1).
  - Der Prophet Ezechiel beschreibt das Wiederzusammenfügen der Knochen der Toten zu einem neuen Leben (Ez 37,1–14), das als Rückkehr in das vorherige Leben verstanden wird.
  - Bei Jesaja heißt es, dass Gott den Tod überwinden kann (Jes 25,8).
  - Im Buch Daniel wird die Auferstehung der Gerechten (Dan 12,2 f.) beschrieben (zweites Jahrhundert v. Chr.).
  - Auch das zweite Buch der Makkabäer (12,42–45) kennt die Auferstehung von den Toten, die Menschen müssen sich zu Lebzeiten anstrengen, die Lebenden können für die Verstorbenen beten (→ S. 110).

- **Tod und Leben im Neuen Testament:**
  - Zur Zeit Jesu war es im Judentum umstritten, ob es eine Auferstehung der Toten gibt. Die Sadduzäer verneinten diese Möglichkeit, während die Pharisäer daran glaubten (→ S. 98).
  - Im Neuen Testament ist auch von der Seele die Rede, die im Unterschied zum Leib nicht getötet werden kann (Mt 10,28, Offb 6,9).
  - Der Schwerpunkt liegt im Neuen Testament aber auf der Vorstellung von der Auferstehung. Zentral sind die Berichte von den Begegnungen mit dem auferstandenen Jesus, der berührbar war (Lk 24,39; Joh 20,27) und mit den Jüngern gegessen und getrunken hat (Lk 24,42 f.; Joh 21,12 f.). Er war leibhaft da und doch ganz anders und neu lebendig, nicht zurückgekehrt in sein altes Leben, wie es bei den Auferweckungen des Lazarus (Joh 11,43 f.) und der Tochter des Jairus (Mk 5,21–43) gedacht ist.
  - Schließlich wird die Auferstehung von den Toten mit dem ewigen Leben verbunden, sie ist der Beginn des ewigen Lebens (Mk 6,26 f; Offb 1,8). Mit konkreten Beschreibungen dieses ewigen Lebens ist die Bibel und in deren Tradition die Katholische Kirche sehr zurückhaltend. Bei Paulus in 1 Kor 15–54 lässt sich nur ableiten, dass der auferstandene Leib im Gegensatz zum irdischen Leib etwas ganz Neues und Anderes ist.
  - Für Jesus ist dieses ewige Leben verwirklicht im Reich Gottes (Mk 10,17). Er spricht von einem himmlischen Mahl (Mt 26,29) und einem Leben im Paradies (Lk 23,43).
  - Die Offenbarung nach Johannes verkündet ein neues Jerusalem ohne Trauer, Leid und Anstrengung (Offb 21,2–4 → S. 169).
  - Ein neuer Himmel und eine neue Erde werden der Wohnort der Auferstandenen sein (2 Petr 3,13).
  - Das Neue Testament ist auffällig zurückhaltend mit Beschreibungen der Auferstehung. Es gibt die Erzählungen vom leeren Grab (Lk 24,2f) und von Begegnungen mit dem Auferstandenen, (Lk 24,13–35), aber keine Schilderungen einer Unterwelt.

Der Reinkarnationsglaube

- Im Hinduismus und Buddhismus glaubt man an die Wiedergeburt (Reinkarnation → S. 37 f.).
- Das Karma, d.h. die Summe aller bösen bzw. guten Gedanken und Taten, entscheidet über die Qualität der Wiedergeburt.
- Das Christentum lehnt die Vorstellung von der Wiedergeburt ab. Auch wenn sie im Umfeld vorhanden war, etwa in der Lehre der Gnosis oder im hellenistischen Denken (Platon), entfernte sich das Christentum von der Idee. Das Judentum kennt den Gedanken der Wiedergeburt in der mystischen Tradition (Kabbala).
- Der **hinduistische Reinkarnationsglaube**:
  - Im Hinduismus geht man davon aus, dass die Seele (Atman) unsterblich ist.
  - Sie bekommt im nächsten Leben einen neuen Körper, entweder den eines Menschen, eines Gottes oder eines Tieres – je nach Karma. Das aktuelle Leben ist die Folge der früheren Leben.
  - Leben ist Leiden. Daher streben Hinduisten danach, durch ein gutes Leben (Befolgung des Dharma, der sittlichen Ordnung im Hinduismus) den Kreislauf der Wiedergeburten zu beenden, damit die Seele Teil der Weltseele (Brahman) werden kann.
- Auch **Buddhisten** möchten den Kreislauf der Wiedergeburten durchbrechen. Gelingt dies, findet die Seele Ruhe im Nirwana.
  - Nirwana ist die Abwesenheit von Gier, Verblendung und Hass.
  - Der Weg ins Nirwana führt über den Achtfachen Pfad (→ S. 37), eine Sittenlehre mit Anweisungen zur Lebensführung.
  - Die Reinkarnationslehre wird im Westen teilweise missverstanden in dem Sinne, dass die Wiedergeburt eine neue Chance gibt, sein Leben zu verbessern. Für Buddhisten ist das unerleuchtete Leben aber leidvoll und das Ziel ist, mit der Erleuchtung den Kreislauf der Wiedergeburten zu beenden. Es geht also nicht darum, stets neu wiedergeboren zu werden, da jede Wiedergeburt ein Scheitern im letzten Leben beinhaltet.

Vorhersehbarkeit von Zukunft und Zukunftsforschung

- Viele Menschen hätten gerne Klarheit über ihre Zukunft und leiden unter Zukunftsängsten, wodurch zweifelhafte Angebote wie Hellsehen, Horoskope erstellen lassen etc. einen Markt haben.
- Als einen Vorläufer der Zukunftsforschung kann man **Oswald Spengler** (* 1880; † 1936) ansehen mit dem Werk „Der Untergang des Abendlands" (1918). Spengler ist kulturpessimistisch. Seiner Meinung nach ist seine Zeit unfähig, kreativ zu wirken. Deshalb muss man die kulturellen Leistungen früherer Zeiten bewahren. Geschichte verläuft laut Spengler in Zyklen, sie ist nicht auf ein Ziel ausgerichtet. Jede Kultur durchlebt innerhalb von rund 1000 Jahren die Phasen Frühzeit, Reifung, Alterung und Verfall als notwendigen Ablauf, was er anhand der Entwicklung großer Kulturen wie z. B. Ägypten, Babylon, Indien, China, Antike, Arabien und der jüdischen Kultur aufzeigt. Man wirft ihm eine biologistische Sichtweise vor. Die stärkere Kultur wird jeweils die schwächere ablösen.
- Zukunft hat gemäß des Theologen Gisbert Greshake (* 1933) zwei Aspekte, er unterscheidet zwischen der „Zukunft als Werden" (futurum) und der „Zukunft als Kommen" (adventus).
  - „**Futurum**" ist jene Zukunft, die planbar ist. Sie beschreibt die Entfaltungsmöglichkeiten einer Sache, die in ihr von Anfang an angelegt sind. Mit Engagement kann diese Zukunft vorangetrieben werden wie die Weiterentwicklung der Technik, der Naturwissenschaften, der Wirtschaft …
  - „**Adventus**" dagegen meint jene Ereignisse, die nicht planbar sind: Begegnungen mit Menschen, gesellschaftliche Entscheidungen zu Krieg und Frieden, Erfindungen etc. Diese Entwicklungen sind nicht prognostizierbar, da sie in der Freiheit der Menschen gründen oder als Geschick auf die Menschheit zukommen.

- Die **wissenschaftliche Zukunftsforschung** analysiert mit rationalen Methoden mögliche zukünftige Entwicklungen der verschiedensten Themenfelder und entwickelt Handlungsoptionen. Beispiele für derartige Methoden sind:
    - Extrapolationen, d.h. die Bestimmung eines Verhaltens über den gesicherten Bereich hinaus;
    - Analogieschlüsse: Wenn zwei Ereignisse in einer Sache übereinstimmen, kann logisch auf die Gleichheit in anderen Punkten geschlossen werden;
    - Methoden, wie sie in der Spieltheorie angewendet werden;
    - Befragung von Experten;
    - Analyse von Wechselwirkungen: Wie wahrscheinlich ist das Eintreten eines Ereignisses in Abhängigkeit von anderen Ereignissen?
- Der Begriff **„Futurologie"** wurde 1943 von dem Juristen und Politologen Ossip Kurt Flechtheim (* 1909; † 1998) geprägt.
    - In dem 1970 erschienen Sachbuch „Futurologie" kritisiert er die gängige Zukunftsforschung als zu rational und zu sehr an den Kriterien der Machbarkeit orientiert.
    - Man müsse mehr die ganze Gesellschaft im Blick haben und Entwicklungstheorien aufstellen, die alle wissenschaftlichen Errungenschaften berücksichtigen.
    - Als Ergebnis sollen Handlungsalternativen gefunden werden, um das Risiko zukünftiger negativer Entwicklungen möglichst gering zu halten.
- **Beispiele für Zukunftsforschung**:
    - Im Bereich Klimaschutz heißt dies, dass man nicht nur Klimaforscher, sondern auch Soziologen, Wirtschaftswissenschaftler und Physiker befragt. So werden z.B. auch Abwanderungen als Folge des Klimawandels berechnet. Die Sicherung der Welternährung ist ebenso eine typische Frage der Zukunftsforschung.
    - Der Club of Rome hat sich 1968 mit den „Grenzen des Wachstums" beschäftigt. Es wurde aufgezeigt, dass die Ressourcen begrenzt sind und ein permanentes Wachstum nicht möglich ist und die Erde schädigt.

Hallo, wir sind das Redaktions-Team.
Unser Ziel ist es, die besten Abi-Lernhilfen zu machen.

Helfen Sie uns dabei!

SIND SIE ZUFRIEDEN MIT DIESEM BUCH?

Dann freuen wir uns über Ihre **Weiterempfehlung**. Erzählen Sie es Ihrem Freundeskreis, der Buchhandlung Ihres Vertrauens oder schreiben Sie eine **Rezension** bei Onlinekauf.
Das hilft nicht nur uns, sondern auch anderen, die auf der Suche nach einer passenden Lernhilfe für das Abitur sind.

SIE HABEN FRAGEN BZW. KRITIK ZU DIESEM BUCH?

Wir freuen uns über Ihre Anregungen.
Schreiben Sie uns eine Nachricht an www.klett-lerntraining.de/kontakt .
So können wir mit Ihrem Feedback in Zukunft noch bessere Bücher anbieten.

Vielen Dank und viel Erfolg im Abitur!

Ihre Redaktion von Klett Lerntraining